Lawrence Durrell

Affaires urgentes

Scènes de la vie diplomatique

Traduit de l'anglais
par Jean Rosenthal

PAVILLONS POCHE

Robert Laffont

SAUVE QUI PEUT !
Titre original : SAUVE QUI PEUT !

ESPRIT DE CORPS
Titre original : ESPRIT DE CORPS

UN PEU DE TENUE MESSIEURS !
Titre original : STIFF UPPER LIP

ISBN 978-2-221-21646-0

Lawrence Durrell

Né en Inde en 1912, Lawrence Durrell est envoyé à douze ans poursuivre son cursus scolaire dans la mère patrie. Mais il s'ennuie dans la blanche Albion et, avec l'appui de sa famille, part pour Corfou afin d'échapper aux rigueurs du climat britannique. Il passera les années de la Seconde Guerre mondiale en Égypte, où il occupera des fonctions d'attaché de presse pour le British Information Service.
En 1945, le Foreign Office l'envoie à Rhodes puis en Argentine, pour un séjour qu'il qualifiera plus tard d'infernal !
Après Belgrade, qu'il quitte en 1952, il décide de se consacrer entièrement à son labeur d'écrivain. Il posera d'abord ses valises à Chypre où il entreprend la rédaction du *Quatuor d'Alexandrie,* qui va le rendre célèbre et sera traduit dans le monde entier, lui apportant enfin cette consécration qu'il attendait depuis l'enfance.
Contraint de quitter l'île pour cause d'opérations militaires, il s'installe à Sommières, dans le Gard, où il poursuit son œuvre dans laquelle figure en bonne place un *Quintette d'Avignon*. Durrell est mort dans le village qui l'avait adopté – contre vents et marées – le 7 septembre 1990 d'un arrêt cardiaque.

Affaires urgentes

Esprit de corps

Je dédie ce livre aux membres
de la chancellerie
de l'ambassade britannique
à Belgrade en 1951

L. D.

Préface

Au mois de juillet 1949, le Foreign Office envoie Lawrence Durrell en Yougoslavie, comme attaché de presse. L'écrivain, alors âgé de trente-sept ans, n'a pas encore écrit son œuvre maîtresse, *Le Quatuor d'Alexandrie*. Il venait de passer un an avec sa famille à Bournemouth à combattre le cafard qui s'était emparé de lui pendant son séjour en Argentine où il avait travaillé un an pour le compte du British Council. Le voici donc à Belgrade, dans les premiers jours de ce mois de juillet, par une chaleur étouffante qui lui rappelle l'air immobile du Caire. La ville présente à ses yeux deux avantages incomparables. C'est une vieille cité d'Europe, cette Europe après laquelle il s'est tant langui quand il était à Buenos Aires, ville haïe où il voyait « le dernier cercle de l'enfer », et c'est une ville proche de la Grèce, son *alma mater*, terre souveraine encore de tous ses rêves, et facilement accessible, de Belgrade, par les petites routes cahoteuses de Macédoine.

En Yougoslavie, Durrell fait connaissance avec un peuple meurtri par la guerre, par l'occupation allemande et souffrant, déjà, du nouveau régime communiste. Dès son arrivée, il livre à Henry Miller ses premières impressions : « La situation dans ce pays est loin d'être agréable pour nous, mais sans comparaison, toutefois, avec celle dont nous avions à souffrir en Amérique du Sud. Le milieu diplomatique est totalement tenu à l'écart par les Yougoslaves qui refusent de nous rencontrer et n'oseraient pas être vus en compagnie de quelqu'un d'entre nous. Nous vivons donc une vie de reclus. Le communisme est encore plus horrible que vous ne pourriez le soupçonner : corruption morale et spirituelle systématique et par tous les moyens. »

Installé au début de son séjour dans un vaste hôtel en compagnie des correspondants de presse et des membres des missions diplomatiques, Durrell se lie d'amitié avec un jeune écrivain yougoslave, aussitôt embastillé pour avoir entretenu des relations avec un agent de l'impérialisme britannique. Condamné à vivre en vase clos avec les autres diplomates, Durrell se réconcilie alors avec son propre pays, qu'il ne s'est pourtant jamais privé de vomir, mais qui lui apparaît soudain, vu de Belgrade, comme une sorte de paradis imparfait pour écrivains. Son travail ne l'ennuie pas, même s'il se sent trop souvent obligé d'offrir à boire à des journalistes dont le cerveau, écrit-il, est plein de mélasse. Pour résister aux premières attaques de la neurasthénie qui le frappent avec l'arrivée de l'hiver, il réclame des vitamines (A, B, C, D), prend des notes, fait des projets d'évasion en Grèce, et participe sans retenue aux soirées strictement privées données plusieurs fois par semaine pour faire oublier aux diplomates de la capitale yougoslave qu'ils vivent dans une prison. C'est ainsi que, l'esprit échauffé par le Ballantine's, l'un de ses whiskies préférés, ou par le vin lourd des coteaux serbes, il anime, assis au piano, ces réunions qu'il fait durer jusqu'à l'aube, saluée par un blues de sa composition, paroles et musique, que reprennent avec lui ses camarades de la chancellerie :

La vie diplomatique
Était jadis extatique
Douce comme une sérénade
Quoique nous cessions de boire
Notre humeur toujours vire au noir
Vire au noir comme la nouvelle Belgrade
L'attaché naval s'est pendu dans l'escalier
Nous passons devant son cadavre –
[Personne ne s'en soucie
Il avait attrapé le mal du rideau de fer.

Quand il ne chante pas, quand il ne travaille pas, quand il n'écrit pas à ses amis, quand il ne boit pas, Larry regarde couler « les eaux sales » du Danube et de la Save, il voyage dans le pays, de Bled, « la perle du Nord », adossée aux Alpes Juliennes jusqu'à Zagreb, « charmante petite ville universitaire autrichienne », « où l'air est meilleur qu'à Belgrade », il campe sur les rives du Danube, « beau paysage noble, généreux, mais pas du genre que j'aime, écrit-il, d'abord c'est trop chargé ». En fait, il n'aime rien, ou pas grand-chose de ce pays assombri par le communisme, tout en se demandant pourquoi il déteste tous les pays où on l'envoie travailler, sauf la Grèce. Seules la Bosnie et Sarajevo, notable exception, trouvent quelques grâces à ses yeux : « Une ville turque – du pur style 1795. Des minarets au bulbe en forme de perle douce, des maisons à treillages bâties sur le flanc abrupt des montagnes au-dessus d'une rivière dont le chant, en traversant la ville, s'accorde avec le tintement des étriers et le bavardage tranquille des femmes turques voilées. Toutes les maisons du quartier turc ont des fenêtres à treillis pour jeunes filles recluses. Les cafés sont entourés de treillis de bois coloré. Les plus vieilles maisons ressemblent à de ravissantes volières accrochées aux collines. La ville tout entière évoque quelque dessin de la fin du XIXe siècle, de Lear par exemple… Sarajevo fut un délice. »

À la fin de l'année 1952, l'attaché de presse de l'ambassade du Royaume-Uni à Belgrade remet sa démission après avoir sillonné une dernière fois le pays en compagnie du chef de la diplomatie du Royaume-Uni, Anthony Eden, autrefois l'un des ennemis les plus farouches de la politique munichoise de Chamberlain, venu en Yougoslavie féliciter Tito d'avoir rompu avec Moscou. Durrell quitte Belgrade pour Chypre. Une nouvelle vie s'offre à lui, solitaire et non sans difficultés, mais pendant laquelle il va faire progresser de façon décisive son *Quatuor*, travaillant à l'aube dans sa maison de Kyrenia, écrivant à la plume pour ne pas réveiller sa fille qui dort près de lui. Mais il n'en a pas fini tout à fait avec la Yougoslavie. Quelques années plus tard, en effet, Durrell publie un livre d'aventures destiné aux adolescents, *White Eagles over Serbia*, et plusieurs récits sur la vie diplomatique, et notamment cet *Esprit de corps*, publié en français pour la première fois par Nicole Lattès.

Chacun a pu, depuis une trentaine d'années, prendre la mesure du talent de Durrell. Ce livre nous en présente l'une des facettes les moins connues. Durrell revêt ici les habits légers et amusants d'un chroniqueur de la vie mondaine en exil, drôle comme seuls peuvent l'être les Anglais (même si, chez nous, il arrive à Jean Rolin de rivaliser avec les meilleurs stylistes de l'humour britannique) et se découvrant tout à coup singulièrement proche d'Evelyn Waugh. Je ne cite pas le nom de Waugh au hasard, mais parce que Durrell a lu, dans son enfer argentin, *Le Cher Disparu*, satire de la mort à Hollywood, avec l'impression de découvrir un chef-d'œuvre. Il s'en souvient à Belgrade, quand transporté en train diplomatique spécial jusqu'à Zagreb, il assiste à une succession de scènes incroyables, plus désopilantes les unes que les autres – chargé d'affaires néerlandais éméché sur le quai de départ, femme de l'ambassadeur du Brésil enfermée dans les toilettes et qu'il faut délivrer à coups de hache, puis réconforter avec de la crème de menthe, système électrique du train inexistant et tous les wagons plongés dans une nuit d'encre, femme du ministre égyptien jetée par les cahots à bas de sa couchette, etc. Commentaire de Durrell : « Ce fut une situation tirée d'un roman d'Evelyn Waugh. » C'est devenu bien vite un livre de Durrell et je défie quiconque de le lire sans pleurer de rire[1].

Daniel RONDEAU

1. J'ai emprunté renseignements biographiques et citations de Lawrence Durrell aux deux livres suivants : *Une correspondance privée, 1943-1972*, Henry Miller (1976, Buchet Chastel) et, *L'Esprit des lieux : lettres et essais de voyage*, Lawrence Durrell (1976, Gallimard).

I. Le train fantôme

J'aime bien Antrobus. Je ne saurais vraiment dire pourquoi : c'est, je crois, parce qu'il prend tout terriblement au sérieux. Il a toujours un air solennel : pour un rien, il parle tout bas, fait claquer sa langue, et avec une tête d'enterrement, les lèvres froncées, il tend les mains, paumes ouvertes, avec des gestes qui signifient : « Que voulez-vous ! »

Nous avons servi ensemble dans un certain nombre de capitales étrangères, lui comme diplomate de carrière, moi à titre temporaire : voilà pourquoi il mène une douillette existence de retraité dans le Midi, alors que je demeure un écrivain sans ressources. Néanmoins, chaque fois que je suis de passage à Londres, il m'invite à déjeuner à son club et nous parlons du bon vieux temps : de ces jours heureux passés dans des capitales lointaines, « en poste à l'étranger » au service de la Couronne.

— L'épisode du train fantôme, dit Antrobus, se situe un peu avant votre temps. Je n'en parle que parce que rien, me semble-t-il, n'illustre mieux les risques de la vie diplomatique. À vrai dire, c'en est un exemple parfait.

» Chaque peuple a son obsession. Pour les Yougoslaves, ce sont les trains. Le chemin de fer, chez eux, baigne dans une atmosphère follement romanesque. Les locomotives, quand elles ne circulent pas, doivent être surveillées par des gardes armés : sinon, on les retrouverait en pièces détachées, démontées par des paysans curieux. Aucun objet n'excite la concupiscence des Serbes autant qu'un train. Ils bavent devant, mon vieux, ils bavent littéralement.

» On le sent dès l'instant où l'on débarque de l'Orient-Express à Belgrade : il y a quelque chose d'étrange dans la construction même de la gare. Elle penche d'un côté. Du niveau du quai jusqu'à la tour de l'horloge, on peut observer une fente tout à fait visible. Il y a en outre dans le ciment du quai plusieurs ornières bien distinctes et très révélatrices. Le premier porteur venu éclaircira pour vous ce mystère. Un train sur quinze environ, semble-t-il, franchit les butoirs, se fraie un chemin à travers la zone de fret et vient s'enfoncer dans le guichet de location. Il n'y a jamais de blessé et toute la ville se rassemble en bandes joyeuses pour extirper la machine de là. Les gens ont l'air assez fiers de cette habitude particulière. Cela fait partie de la vie serbe.

» Étant au courant de cette singularité, je ne pus me retenir d'une certaine appréhension quand Nimic, du Protocole, laissa entendre que, pour le Jour de la Libération, on allait emmener le corps diplomatique à

Zagreb : le voyage s'effectuerait à bord d'un train spécial qui prouverait une fois pour toutes que l'industrie lourde yougoslave était capable de produire un tout aussi bon matériel que les dégénérés de l'Ouest capitaliste. Cette confidence était accompagnée de regards ténébreux et de clins d'œil : tous nos efforts pour sonder ce mystère restèrent vains. Un voile de secret (un des sept voiles de la diplomatie communiste) enveloppait l'affaire. Naturellement, nous autres diplomates étions fort intrigués : ceux qui avaient quelques années de service dans les Balkans étaient troublés. « *Mon Dieu,* dit d'un ton grave l'ambassadeur de France, Du Bellay, *si ces animaux veulent jouer aux locos avec le corps diplomatique*[1]... » Il exprimait tout haut ce que nombre d'entre nous pensaient tout bas.

» On ne parla plus du train fantôme, comme nous l'appelions en plaisantant, et nous attendîmes calmement le Jour de la Libération. L'habituelle grande enveloppe blanche du Protocole arriva dûment dix jours plus tôt. J'ouvris la mienne avec une curiosité qui n'était pas sans mélange. On m'annonçait que je voyagerais par un train spécial mis à notre disposition par le gouvernement. Le train portait le nom de « Convoi des Fêtes de la Libération ».

» Même Polk-Mowbray avait un air soucieux. « De quel genre d'engin diabolique s'agit-il, à votre

1. En français dans le texte.

avis ? » demanda-t-il avec une certaine appréhension. Je ne pouvais hélas pas l'éclairer sur ce point. « C'est sans doute une sorte de cheval de Troie avec transmission par chaîne et tractant des wagons en contreplaqué. »

» Il y eut dans le corps diplomatique un projet éphémère : se rendre à Zagreb par la route et éviter ainsi le « Convoi des Fêtes de la Libération », mais le doyen eut tôt fait d'y mettre le holà. Pareille défection constituerait une insulte grave. L'industrie lourde yougoslave serait blessée par notre refus de la laisser nous dévoiler les merveilles de la technologie moderne. À contrecœur, nous finîmes tous par accepter. « Butch » Benbow, l'attaché naval, qui avait des dons de voyance et quelques rudiments d'astrologie, consulta les auspices. Apparemment, ils n'étaient pas favorables. « Je ne distingue que des nuages de fumée », annonça-t-il d'une voix un peu étranglée. Il leva le nez de la carte du ciel sur laquelle il travaillait. « Et quelqu'un est victime d'une grave blessure au cuir chevelu… probablement vous, monsieur. »

» Polk-Mowbray tressaillit. « Écoutez, dit-il, pas d'affolement sur ce point-là. Si, par la faute de l'industrie lourde yougoslave, je suis blessé, ne fût-ce que très légèrement, au cuir chevelu, je veillerai à ce que cela donne lieu à un incident diplomatique. »

» Inexorablement le jour fixé approchait. Nous devions, nous apprit-on, nous embarquer à bord du train spécial à la sortie de Belgrade. Il se trouve là une petite gare dont j'ai oublié le nom. Ce fut en ce lieu qu'à l'heure prévue, c'est-à-dire à la tombée de la nuit, nous nous présentâmes en grande *tenue*[1]. Nous eûmes droit à des fleurs et à des discours des représentants de l'industrie lourde yougoslave. La plupart d'entre eux paraissaient d'ailleurs presque aussi lourds que leur industrie. Mais c'était le train qui attirait irrésistiblement mon regard.

» Je ne dirai pas qu'il était voyant. Il était tout simplement à vous couper le souffle. Les trois longues voitures étaient en bois peint et sculpté : fleurs, oiseaux, héros de la Libération, cache-sexe, emblèmes divers, trompes de postillon – tout ce qu'on peut imaginer, sculpté ou peint conformément à l'imagination populaire. L'ensemble évoquait une charrette sicilienne avec des panneaux décorés, ou encore la poupe d'un galion du dix-septième siècle. Tous les forgerons et charrons de Serbie avaient dû y mettre la main. J'entendis Du Bellay murmurer : « *C'est un chalet tyrolien ou quoi ?*[2] » Nous étions unanimes à partager son scepticisme.

» Nous entrâmes dans la gare et trouvâmes les voitures qui nous avaient été réservées : jusque-là, rien que de très normal. La fanfare se mit à jouer. Nous

1. En français dans le texte.
2. *Idem.*

acceptâmes une gerbe ou deux. Puis, au milieu du braiment des ânes, du chant des coqs, et des accents rauques des trombones, nous nous élançâmes dans la nuit. Nous étions partis pour traverser les longues plaines serbes.

» Deux détails devinrent aussitôt évidents. Toutes ces boiseries tarabiscotées émettaient des grincements et des gémissements épouvantables à vous briser les tympans. Comment allions-nous dormir ? Plus inquiétante encore était l'inclinaison de la seconde voiture où avaient pris place les chefs de mission. Elle avait une gîte de quelque trente degrés et ne semblait tenir sur les rails que grâce au wagon qui la précédait et à celui qui la suivait. Manifestement, l'industrie lourde yougoslave avait égaré son niveau à eau au moment de sa construction. Quand on regardait par les fenêtres, on avait l'impression que le sol fonçait vers vous. J'allai rendre visite à Polk-Mowbray pour voir si tout allait bien : je le trouvai, un peu pâle, juché dans la partie surélevée de la voiture, comme un passager à bord d'un navire qui fait naufrage. Le vacarme était tel que nous ne pouvions pas parler : il nous fallait crier. « Mon Dieu, l'entendis-je hurler, que va-t-il advenir de nous ? » Bonne question. Nous prenions maintenant de la vitesse. La machine était extrêmement vétuste : elle avait été abandonnée avant la guerre par une équipe de cinéastes américains et les Yougoslaves l'avaient remise en état avec des bouts de ficelle. Son foyer béant, chauffé à blanc, était alimenté avec frénésie par des êtres velus en casquette de toile qu'on aurait pu prendre pour les éditeurs de Dostoïevski. Jamais la situation ne m'avait paru aussi préoccupante. Pourtant, malgré le poids des ans, la machine avait réussi à atteindre un bon soixante-quinze à l'heure. Tous les cinq cents mètres, elle évacuait en gémissant dans la nuit un plein seau de mâchefer incandescent, qui embrasait aussitôt l'herbe des deux côtés de la voie. De loin, nous devions ressembler à un incendie de forêt approchant à grande vitesse.

» Un autre élément intéressant du « Convoi des Fêtes de la Libération », c'était un système ingénieux de chauffage central qu'il était impossible d'éteindre : comme aucune des fenêtres ne s'ouvrait, la température à l'intérieur des voitures eut tôt fait d'atteindre les quarante degrés. Les voyageurs s'éventaient avec leur haut-de-forme. Jamais, mon vieux, je n'ai vu le corps diplomatique soumis à pareille épreuve. Impossible de dormir : pas moyen d'éteindre les lumières. Les lavabos semblaient se vider l'un dans l'autre par un surprenant réseau de vases communicants. Et nous pensions sans cesse à tous les chefs de mission agrippés aux parois de la voiture suspendue, occupés à boire du whisky et à bégayer de terreur tandis que nous filions dans la nuit.

» On ne pouvait écarter d'emblée le risque d'une catastrophe et personne n'arrivait à se détendre.

N'osant même pas nous mettre en pyjama, nous restions assis dans ce vacarme infernal à échanger des regards désespérés. Nous sursautions à chaque régurgitation de la machine, à chaque frémissement, à chaque grincement des voitures. L'ambassadeur des États-Unis était si accablé qu'il passa la nuit à chanter « Plus près de toi mon Dieu ». On disait qu'il avait eu la prévoyance de prendre avec lui dans son compartiment un flacon de rye. Mme Fawzia, l'ambassadrice d'Égypte, resta toute la nuit en prière à genoux sur le plancher de son compartiment. Je préférais ne pas penser à Polk-Mowbray. De temps en temps, quand le vent tournait, le train tout entier était enveloppé dans un nuage d'épaisse fumée contenant des fragments de charbon à demi digérés gros comme des grêlons. Cependant, la sinistre équipe qui œuvrait sous l'abri de la locomotive continuait d'enfourner le combustible à grandes pelletées dans la chaudière et nous foncions dans un concert de hurlements poignants et de formidables éructations.

» À deux heures du matin, dans un fracas déchirant, nous entrâmes en gare d'Omar Melade, ainsi nommée en mémoire du célèbre combattant de l'Indépendance. La voiture suspendue s'accrocha on ne sait comment au lambris d'appui du toit de la verrière : elle l'arracha net, manquant du même coup décapiter un des mécaniciens. Le bruit fut épouvantable et le corps diplomatique poussa d'une seule voix un hurlement de terreur. Je n'avais jamais eu l'occasion – pas plus qu'elle ne s'est présentée depuis – d'entendre crier ainsi des diplomates. Fasse le Ciel qu'il ne me soit pas donné de subir cela une autre fois. Une foule de chérubins et de bouquets sculptés se trouvèrent arrachés dans le choc au plafond de la voiture suspendue et les voyageurs occupant les wagons en queue de train se trouvèrent pris sous une grêle de fragments de bois coloré qui les firent hurler encore plus fort. En un instant, ce fut terminé.

» Nous nous retrouvâmes une fois de plus dans la nuit, filant à toute vapeur à travers les ténèbres de la plaine, les frères Karamazov s'acharnant de toutes leurs forces à alimenter le foyer de leur machine. Peut-être, comme cela arrive souvent aux Serbes, n'avaient-ils rien entendu. Nous passâmes le reste de la nuit aux aguets, mon vieux. L'ange gardien de l'industrie lourde yougoslave devait veiller sur nous : rien de pire n'arriva. Ce fut pourtant un corps diplomatique passablement abattu qui finit par faire son entrée à Zagreb en ce matin anniversaire de la Libération. Jamais, je puis vous le dire, l'idée de libération n'avait été plus présente dans tous les esprits.

» Il devait être environ six heures quand nous déboulâmes en gare de Zagreb dans un long grincement de freins et en déversant un Etna de vapeur. On avait mis les freins quelque cinq kilomètres avant l'arrivée en gare et leur vacarme à vous briser les tympans avait quelque chose d'incroyable.

» Mais nos épreuves ne s'arrêtèrent pas là : nous manquâmes de quatre cents bons mètres le tapis rouge. Les dignitaires qui nous attendaient avec la fanfare des Travailleurs de Zagreb trottinèrent sur le quai pour nous rattraper. Nous n'étions pourtant pas au bout de nos peines. Les portes des voitures donnant sur le quai se révélèrent impossibles à ouvrir : sans doute le quai de la gare de Zagreb était-il de l'autre côté de la voie par rapport à celui de la gare de Belgrade. Personne n'avait donc imaginé qu'il nous faudrait deux issues différentes pour monter à bord du train et pour en descendre. C'était là une situation profondément humiliante. Nous nous collâmes le nez aux fenêtres en prodiguant des salutations incompréhensibles ponctuées de vagues grimaces à l'intention de l'orphéon des Travailleurs et du comité d'accueil des Fêtes de la Libération.

» Nous devions ressembler à une colonie de singes forains expropriés ravagés par la nostalgie de leur vie d'antan dans les arbres. Au terme de longs et vains efforts, nous n'eûmes d'autre solution que de nous extraire de la Flèche de Zagreb en utilisant les superstructures de la voie et de faire le tour du train pour rallier le point où nous attendait le comité de réception. Ce que nous fîmes donc, non sans quelque gêne. Mais, tout bien pesé, c'était bon de retrouver sous nos pieds la terre ferme. Alignés par ordre de préséance sur le quai, nous dûmes subir l'hymne de la Libération entonné par la chorale des Partisans : ils l'exécutèrent sur un registre si bas que ses mâles accents ne parvenaient pas à noyer les joyeuses clameurs d'autosatisfaction dont les frères Karamazov saluaient le matin. Leurs exclamations étaient ponctuées de jets de vapeur brûlante et de coups de sifflet lancés dans la froide lumière du petit matin par la locomotive du « Convoi des Fêtes de la Libération ».

» Tout cela se passa aussi bien qu'on pouvait s'y attendre. Pourtant, malgré la torpeur dans laquelle nous étions plongés, un frisson nous glaça le cœur à l'énoncé d'une phrase dans le discours de bienvenue : elle indiquait sans ambages que les autorités s'attendaient à nous voir effectuer le lendemain le voyage de retour à bord du même « Convoi des Fêtes de la Libération ». Voilà qui nous donna à réfléchir. Mme Fawzia ne put maîtriser un haut-le-cœur que nos hôtes interprétèrent comme une expression de joie. Plusieurs autres dames du corps diplomatique furent prises de vapeurs. Mais un diplomate de carrière a des nerfs d'acier. On vit quelques lèvres se crisper, des yeux se mettre en vrille, mais pas un mot ne fut prononcé avant que l'on se retrouvât pour le petit déjeuner dans le petit salon de l'hôtel Omar Melade. Là, des flots d'émotion trop longtemps contenus déferlèrent. Ambassadeurs, ministres, secrétaires d'ambassade et épouses se répandirent unanimement en gesticulations et en protestations. Scène émouvante s'il en fut. D'aucuns prenaient le Ciel à témoin pour affirmer que jamais ils ne remonteraient dans ce train. D'autres évoquaient d'un air égaré la nuit qu'ils venaient de passer et au cours de laquelle ils avaient vu toute leur vie défiler devant eux comme sur un écran. La femme du ministre de la République espagnole, de loin la plus éprouvée par les événements, tomba sur le doyen, l'ambassadeur de Pologne, et le proclama responsable devant Dieu de notre sécurité et de notre bien-être. C'était un intéressant aperçu des divers tempéraments nationaux : les Égyptiens poussaient des cris, les Finlandais et les Norvégiens grommelaient, les Slaves se tiraient les uns les autres par leurs revers comme s'ils s'efforçaient de traire des chèvres. Les Grecs adressaient à la ronde des gestes prométhéens. (Ils pouvaient se permettre d'adopter une attitude pondérée : ils avaient déjà loué les seuls six taxis de Zagreb et proposaient des places pour le voyage de retour à mille dinars par tête.)

» Un point émergea clairement de tout cela. Le corps diplomatique était en état de mutinerie ouverte : il n'allait pas se laisser embarquer sans protestation à bord du train piloté par les frères Karamazov. Le doyen supplia : en vain. Dans la pièce on pouvait observer les réactions nationales : l'ambassadrice d'Italie, à la limite de l'implosion, alla jusqu'à retrousser sa robe pour exhiber à l'assistance un bleu consécutif à sa nuit dans le train. Quant à Polk-Mowbray, il avait bel et bien une blessure au cuir chevelu : une protubérance en forme d'œuf sur le haut du crâne, là où, à n'en pas douter, il avait été heurté au passage par une gare. Manifestement le voyage l'avait éprouvé.

» Bref, ce jour-là, la plupart d'entre nous restèrent au lit avec des compresses froides et de l'aspirine. Le soir, nous assistâmes à un spectacle de ballet suivi d'une retraite aux flambeaux. Le Jour de la Libération touchait à son terme. Le doyen organisa ce soir-là une nouvelle conférence à l'hôtel : il nous fit un discours sur les usages diplomatiques en général et nos obligations envers le service en particulier. En vain. Nous étions bien déterminés à ne pas rentrer par le train fantôme. Il tenta de nous convaincre, mais nous campions sur nos positions. Dans la nuit, une nuée de télégrammes s'abattit sur le service du protocole au ministère des Affaires étrangères : des messages invoquant une maladie soudaine, un surcroît de travail imprévu, des complications politiques inattendues, la migraine, la grippe, une névrite ou encore des événements indépendants de la volonté du signataire. À l'aube, un convoi de taxis s'ébranla sur le chemin du retour, emmenant les survivants brisés du corps diplomatique : pas rasés, déshonorés, mais toujours en vie, respirant encore... Au fond, j'étais navré pour les frères Karamazov et pour le « Convoi des Fêtes de la

Libération ». Dieu sait que je ne leur souhaitais aucun mal. Mais, je dois l'avouer, je ne fus pas surpris de lire une semaine plus tard dans le journal que cette ultime réussite de l'industrie lourde yougoslave avait sauté l'aiguillage d'Omar Melade et parachevé l'ouvrage déjà commencé en emportant du même coup la quasi-totalité des bâtiments de la gare. Il n'y eut pas de blessé. Il n'y en a jamais en Serbie. Les passagers se retrouvèrent juste vilainement secoués et à demi morts de peur. Mais, quand on y réfléchit, tout cela fait partie, si l'on peut dire, du train de vie serbe…

II. Un cas clinique

La semaine dernière, le nom de Polk-Mowbray revint dans la conversation : nous avions lu ce matin-là l'annonce de son départ en retraite dans le *Times*. Nous avions tous deux servi sous ses ordres à Madrid et à Moscou. Antrobus, pour sa part, avait participé à plusieurs missions dont il était le chef : Sir Claude Polk-Mowbray, O M, K C M G et tout le tremblement.

Pour parler de lui, Antrobus eut le visage secoué comme d'habitude par une série de convulsions aboutissant à une expression évoquant un pot de fleurs qui fuit, et il déclara :

— Vous savez, mon vieux, en pensant aujourd'hui à Polk-Mowbray et à tous ces postes où nous avons été affectés, je me suis dit : « Mon Dieu, avec Polk-Mowbray, nous avons assisté à l'anéantissement progressif de l'âme d'un ambassadeur. »

Cette observation me laissa sans voix.

— J'entends par là, poursuivit Antrobus, que peu à peu, insidieusement, les Américains ont fini par l'avoir.

— Comment ça « les Américains ont fini par l'avoir » ?

Antrobus fit claquer sa langue et leva les yeux au ciel.

— Peut-être que vous ne saviez pas, peut-être que vous n'étiez pas comme moi un témoin muet.

— Je ne crois pas l'avoir été, en effet.

— Vous souvenez-vous d'Athènes, en 37, quand j'étais premier secrétaire ?

— Bien sûr.

— Polk-Mowbray était à cette époque un Anglais parfaitement normal et équilibré. Il avait toute l'élégante mollesse d'un gentilhomme du dix-huitième siècle. Il pratiquait l'escrime, il jouait du flageolet.

— Je me rappelle tout cela.

— Mais il y avait autre chose. Réfléchissez.

— Je réfléchis…

Antrobus se pencha en avant et dit d'un ton grave et triomphant : « Il écrivait un bon anglais, en ce temps-là. » Puis il se carra dans son fauteuil et me dévisagea longuement du haut de son long nez osseux. Il laissa cette remarque imprégner mon esprit.

Ce qu'il entendait évidemment par « bon anglais », c'était ce style ampoulé et ronflant du dix-huitième siècle qui était alors en vogue. Une sorte de prose en taille-douce.

— Je me souviens, dis-je, avoir commis l'impardonnable erreur d'employer dans un brouillon de dépêche sur l'économie grecque le verbe « dispatcher ». (Mon texte m'était revenu sabré d'un grand coup de ces crayons rouges que seuls ont le droit de manier les gouverneurs et les ambassadeurs – avec un commentaire déplaisant dans la marge.)

— Ah, fit Antrobus, alors, vous vous rappelez ? Qu'avait-il écrit ?

— « Je suis douloureusement affecté de constater que certains de mes collaborateurs commencent à introduire des termes américains dans notre langue natale. J'adresse des instructions au chef de la chancellerie pour qu'il donne au personnel la consigne de n'utiliser aucune formule de cette nature dans les dépêches destinées au secrétaire au Foreign Office. »

— Fichtre.

— Fichtre, comme vous dites.

— Mais, mon cher, la Némésis le guettait. Attention, précisa-t-il de ce ton qui paraît toujours hypocrite aux étrangers pour la bonne raison qu'il l'est en effet, attention, je ne suis pas pour ma part anti-américain : je ne l'ai jamais été et je ne le serai jamais. Il y aurait d'ailleurs beaucoup à dire sur la vieille prose du Foreign Office…

— C'était pratiquement du moyen anglais.

— Non, ce que je lui reproche, c'était le saupoudrage de mots latins. Polk-Mowbray s'arrangeait toujours pour en caser un. Il aimait si possible en glisser un au commencement d'une dépêche. « *Hominibus plenum, amicis vacuum*, comme dit Caton », c'était son coup d'envoi classique. Malheureusement, il oubliait parfois si c'était bien Caton qui avait dit cela. En tant que chef de la chancellerie, j'étais censé le savoir. Mais ce n'était généralement pas le cas : les classiques, ça n'a jamais été mon fort. Je devais me précipiter sur mon encyclopédie Pears ou sur mon dictionnaire Brewer, en jurant tout le temps.

— Il a saqué le jeune Pollit pour avoir attribué à Suétone une remarque de Tacite.

— En effet. C'était très éprouvant. Je suis heureux que ce temps-là soit passé.

— Mais vous parliez de Némésis : quelle forme a-t-elle prise ?

— Vous avez doublement raison d'employer le féminin, mon vieux. *Elle* en effet. La Némésis est toujours une femme. Au milieu de la guerre, Polk-Mowbray a été envoyé pour une brève mission aux États-Unis.

— Ah !

— Il l'a vue à la tête d'un défilé, drapée dans un pavillon américain et faisant des moulinets avec une canne. Elle s'appelait Carrie Potts. Elle était ce qu'on appelle une majorette. Je sais. Ne sourcillez pas. Non, il ne l'a pas épousée. Mais elle a marqué un tournant dans son existence. Le changement s'est dès lors opéré de façon très progressive, très insidieuse. J'ai d'abord remarqué qu'il laissait tomber les latinismes dans ses brouillons. Puis il a commencé à parler de « standing » et d'« expressway ». Enfin, et c'est extrêmement révélateur, il a adressé une note au personnel pour dire que tout secrétaire d'ambassade surpris à utiliser des formules comme *quid pro quo*, *sine qua non*, *ad hoc*, *ab initio*, *ab ovo* et *statu quo* serait muté. Une véritable bombe ! Nous étions d'un coup dépouillés de pratiquement l'essentiel de notre vocabulaire officiel. En outre, en lisant ce qu'il y avait derrière le texte de ce document, je l'entendais murmurer sous cape : « Ça leur fera les pieds. » Vous vous rendez compte, mon vieux : j'étais pétrifié d'horreur. Bien sûr, le pauvre diable n'était pas entièrement à blâmer : il luttait vaillamment contre le mal. Mais c'en était trop pour lui. Je tombai un jour sur un roman de Damon Runyon dans un tiroir de son bureau. Je dois reconnaître qu'il eut la grâce de rougir quand il s'aperçut que je l'avais découvert. Mais, à cette époque, il commençait à souffrir de terribles lapsus. Lors d'un cocktail, par exemple, il lâcha qu'il était mon « boss ». J'étais trop poli pour protester mais je dois convenir que cela me resta sur le cœur. Ses dépêches se mirent à prendre une tournure outre-Atlantique marquée. Tenez, vous n'allez pas me croire, mais je tombais sans cesse sur des expressions comme « conclure un *deal* », « une étude de *marketing* », et même « un bon *business* ». Je vous demande un peu : *business* ! (Antrobus exhala un soupir glacé d'horreur.)

Comme vous pouvez l'imaginer, le Foreign Office fut troublé par le changement de ton de ses rapports. Mais il y a pire : d'autres ministres et ambassadeurs parvenus moins haut que lui dans la Carrière, et facilement influençables, manifestèrent une tendance certaine à copier ce genre d'attitude. On finit par en arriver au point où toutes les dépêches, avant d'être transcrites sur le formulaire diplomatique officiel, devaient être passées au crible : on créa un bureau au service de rééducation spécialement conçu pour traiter l'anglais perverti. Puis vous vous souvenez sans doute de la Commission pour l'anglais officiel et du manuel intitulé *Prose du Foreign Office : Comment la pratiquer ?*

— Certes. Un des ouvrages les plus mal écrits que j'aie jamais lus.

— Eh bien, quoi qu'il en soit, c'est le résultat direct des activités de Polk-Mowbray. Une ultime tentative désespérée pour mettre un frein à ce pourrissement linguistique, mon vieux. Bien sûr, c'était trop tard : à cette époque, cet épouvantable Churchill déambulait à travers le monde en espadrilles, brandissant un Roméo et Juliette sous le nez de tout un chacun. Ai-je besoin de préciser que Mowbray à son tour se commanda des espadrilles qu'il appelait ses « baskets » ? Il circulait dans les jardins de l'ambassade accoutré de la sorte – de façon un peu furtive, naturellement, mais quand même… enfin, voilà.

Antrobus marqua une longue pause à l'évocation de ces douloureux souvenirs. Puis il reprit d'un ton sombre, dans un murmure lourd de mépris :

— Shaker, bowling, hamburger. Je vous demande un peu…

— Hé oui, fis-je.

— Disc-jockey… blues… Stetson.

— Oui. Oui, je vous suis.

— J'étais terriblement triste. Pauvre Polk-Mowbray. Savez-vous qu'il est allé à une réunion du Rotary en portant une cravate peinte à la main représentant une blonde nue qu'il a qualifiée de « super » dans son discours ?

— Pas possible.

— Mais si.

Antrobus hocha vigoureusement la tête à plusieurs reprises et termina d'un trait son verre : Absolument !

— Je suppose, dis-je au bout d'un moment, que maintenant qu'il a pris sa retraite, il va s'installer là-bas et s'intégrer complètement.

— On lui a proposé d'aller à Lake Success comme spécialiste des Impondérables globaux, mais il a refusé. Il a dit que leur Q I n'était pas assez élevé… Dieu sait ce que ça veut dire. Non, c'est plus tragique encore. Il a trouvé une villa dans les environs de Rome et il compte passer ses étés en Italie. Je l'ai vu la semaine dernière en rentrant de la conférence d'Athènes.

— Vous l'avez vu ?

— Oui.

Antrobus, manifestement ému jusqu'au tréfonds de l'âme, sombra dans un pesant silence.

— Je ne sais vraiment pas si je devrais vous raconter ça, dit-il d'une voix qui s'étranglait presque. C'est un tel cauchemar.

— Je ne le répéterai pas.

— Non. Surtout pas, je vous en conjure.

— Vous avez ma parole.

Il signa la note de bar et me lança un regard attristé. Dans le plus pur style Foreign Office, il attendit que le serveur se fût éloigné. Il se pencha alors vers moi et dit :

— Je suis tombé sur lui installé dans une petite *trattoria* près du *Fontana*. Il portait une culotte de golf à carreaux, une saharienne vert foncé et une casquette à grande visière. Il s'attaquait à une assiette de spaghetti… et, *vous savez quoi ?*

— Non.

— Il y avait devant lui un Coca-Cola avec une paille.

— Seigneur ! Antrobus, vous plaisantez.

— Mon vieux, je vous le jure.

— C'est vraiment la fin.

— Absolument. J'ai essayé de passer discrètement devant lui, mais il m'a vu et m'a appelé. (Antrobus frissonna à ce souvenir.) Il a dit très distinctement, avec force et sans l'ombre d'une hésitation, « *Hi !* » en faisant une sorte de geste vague comme quelqu'un qui passerait distraitement la main sur les fesses d'une girl de music-hall. Je ne veux pas l'imiter ici : on pourrait me voir.

— Je connais le geste dont vous parlez.

— Eh bien, reprit Antrobus d'un ton amer, maintenant vous savez le pire. Ce doit être un symptôme de vieillissement.

Nous sortîmes de son club en répondant d'un signe de tête au salut du portier. Il posa son feutre sur sa tête et accrocha son parapluie au creux de son bras. Son visage avait pris son aspect d'image taillée dans la pierre : « gardien des plus sombres secrets de la nation ». Nous marchâmes un moment en silence. Quand nous fûmes arrivés à mon arrêt d'autobus, il dit :

— Pauvre Polk-Mowbray. *In* Coca-Cola *veritas*, hein ?

— C'est bien vrai, dis-je.

On n'aurait pu rêver épitaphe plus appropriée.

III. Coquilles

— Bien sûr, déclara Antrobus d'un ton résolu, s'il y avait eu une justice en ce bas monde… si nous avions nous-mêmes manifesté un sens, si faible fût-il, de nos responsabilités, les deux vieilles dames auraient été hachées menu. On les aurait incinérées. On aurait enterré leurs cendres dans un champ de Serbie, on les aurait répandues au-dessus de la mer au large d'une île de la côte dalmate comme Drnzol ou Tchrot. Ou bien on les aurait vendues comme esclaves aux bogomiles. Ou, tout simplement, on se serait glissé subrepticement derrière elles et on les aurait étranglées devant leur machine à écrire. Il y avait des moments où j'en rêvais, mon vieux.

— Au lieu de cela, elles ont eu droit chacune à une médaille.

— Exactement. Polk-Mowbray les a proposées pour l'ordre de l'Empire britannique. Il avait un sens de l'humour assez pervers. Je ne vois pas d'autre explication.

— Le temps toutefois adoucit bien des choses. Je dois avouer que je repense au vieux *Central Balkan Herald* avec une sorte de nostalgie.

— Bonté divine, fit Antrobus en dégonflant ses joues.

Nous prenions le coup de l'étrier à son club avant d'aller faire un tour dans le parc. Comme toujours, notre conversation nous avait ramenés à certaines expériences partagées quand nous étions en poste à l'étranger. Cela nous avait conduits avec une sorte de fatalité à évoquer les sœurs Grope : Enid et Bessie Grope, copropriétaires et codirectrices du *Central Balkan Herald* (tirage, cinq cents exemplaires). Elles avaient passé toute leur vie en Serbie : leur père avait jadis été aumônier de l'ambassade et, à sa retraite, il avait choisi de s'installer dans la poussière des plaines serbes. Je ne saurais dire, cependant, comment elles avaient hérité de la vieille presse à cylindre et du stock de caractères délabrés : quoi qu'il en soit, elles produisaient à elles deux un extraordinaire quotidien. Il reste dans mon esprit sans égal si je le compare aux journaux de plus d'une douzaine de pays qu'il m'a été donné de connaître. « Le *Balkan Herald* maintient haut le chapeau britannique », telle fut la manchette qui m'accueillit le matin de mon premier jour au service de presse de l'ambassade. C'était bien d'elles.

Il ne fallait pas chercher très loin la raison d'une tendance marquée pour les coquilles : la salle de composition où l'on mettait chaque jour en pages manuellement le journal était occupée par une douzaine de paysans serbes hirsutes aux cheveux graisseux et bouclés et avec des mains comme des pelles. Le dos voûté, radotant et émettant périodiquement d'étranges clameurs, ils allaient et venaient parmi les casses de caractères comme des babouins à demi émancipés se cherchant les puces ; le maître imprimeur avait nom Gracic (prononcez *Gratchitch*). Assis solitaire dans son coin, il méritait bien son nom en se grattant de temps en temps. Compte tenu d'aussi laborieuses méthodes de composition, les rédacteurs ne pouvaient pratiquement jamais exiger des épreuves supplémentaires : même dans ces conditions, la lutte quotidienne pour que le journal sorte était un spectacle qui ne manquait pas de grandeur. À un moment, au début des années trente, il avait paru avec vingt-quatre heures de retard : jamais on n'était parvenu à rattraper ce jour-là. Avec une admirable obstination, les deux sœurs décidèrent, pour éviter une lacune dans leurs archives, de garder la date avec exactement vingt-quatre heures de retard sur le temps réel jusqu'au jour où, au prix d'un effort surhumain, elles réussiraient à publier deux numéros dans la même journée et à rattraper ainsi leur décalage.

Enid et Bessie étaient installées dans la salle de rédaction qu'on appelait « l'antre ». Elles avaient toutes deux le teint coloré et s'habillaient en noir un peu rouillé. Assises l'une en face de l'autre, elles tapaient sur deux antiques machines à écrire qu'on aurait crues empruntées au Conservatoire des arts et métiers.

Bessie avait sous sa responsabilité l'actualité, les éditoriaux et les potins. Enid se chargeait des grands reportages, de la mise en pages et des informations générales. Chaque fois qu'elles étaient à court de copie, elles s'en allaient piller sans merci de vieux numéros du *Punch* ou de *Home Chat*. Parfois, une lacune dans le texte se trouvait comblée par un abominable barbouillage : signe qu'un fanatique de la pyrogravure s'en était discrètement donné à cœur joie. C'était ainsi que chaque matin le *Central Balkan Herald* était mis en pages, après être passé à la salle de composition où le petit groupe de forçats avait tôt fait de réduire tout cela en charabia : « enfin un ministre qui s'attaque à sa vache. » « disparus en plein fiel. » « la reine d'angleterre inaugure un claque commémoratif. » « falaise à wall street. »

Dans les années trente, cela n'avait pas trop d'importance mais, avec la guerre qui menaçait et l'intérêt croissant que l'on portait à la propagande, aussi bien le Foreign Office que le British Council estimèrent que cela valait la peine de maintenir en vie un journal anglais, ne serait-ce que pour maintenir haut le drapeau britannique. Une modeste subvention et un abonnement gratuit à un service d'agence de presse apportèrent aux deux sœurs une aide précieuse ; on ne pouvait malheureusement rien faire pour améliorer le personnel de l'atelier de composition. « Mrs. Schwartkopf remercie tous ceux qui ont bien voulu honorer de leur présence la grande fesse de Sainte Ursula en mémoire de son regretté sari. » « Rectification : c'est un détachement du 23e Vapeurs qui a exécuté lors des cérémonies de l'Armistice la connerie aux morts et non pas de l'Infanterie de Farine, comme nous l'avions annoncé à tort. »

Chaque matin, j'entendais le concert de sifflements, de gémissements et de soupirs quand chacun des secrétaires dépliait son exemplaire pour se soumettre à ce supplice matinal. À l'étage au-dessus, Polk-Mowbray ne cessait de sursauter, comme quelqu'un qui vient de s'enfoncer une écharde dans le doigt, en découvrant une nouvelle coquille. À cette époque, la rédaction bénéficiait de la collaboration de Mr. Tope : ce vieillard bronchiteux se chargeait des dernières dépêches, laissant ainsi Bessie libre de se consacrer à des chroniques sur le jardinage, « Quand planter les moignons de tulipes » et autres extravagances. On croyait savoir que dans un passé extrêmement lointain il avait été amoureux de Bessie, mais que « jamais il ne s'était déclaré ». Peut-être s'était-il amouraché des deux sœurs simultanément et s'était-il trouvé incapable de décider laquelle épouser. Quoi qu'il en soit, il siégeait dans « l'antre » au milieu des nouvelles du monde : tous les matins, il me demandait mon avis. « Nous tenons à ce que le *Herald* joue pleinement son rôle dans l'effort de guerre », ne manquait-il jamais de m'assurer gravement. « Nous sommes tous dans le bain. » Mais je ne pouvais pas grand-chose pour lui.

Je ne pouvais parfois m'empêcher de trouver que le *Herald* donnait plus de mal qu'il n'en valait la peine.

La mention, par exemple, de « l'écœurante inversion de Hitler : la bombe volante » provoqua sur-le-champ une visite de Herr Schpünk, le chargé d'affaires allemand, dictionnaire sous le bras. Dans les premiers temps de la guerre, le titre suivant : « formidable lacher de tombes britanniques sur berlin » provoqua des commentaires étonnés dans les milieux militaires. Toutefois, des tentatives effectuées pour fournir au *Herald* des articles sérieux et documentés dus à des membres de l'ambassade aboutirent au même résultat. Spalding, l'attaché commercial qui s'efforçait de négocier pour l'industrie minière britannique, rédigea une étude détaillée sur les ressources en bois de la Serbie. Le texte parut avec une surprenante manchette : « l'angleterre va acheter cent mille rateaux aux serbes ». De son côté, l'attaché militaire avait eu la témérité de proposer au quotidien une analyse stratégique sur Suez : il eut la déplaisante surprise de voir la formule « Canal Zone » imprimée dans tout l'article sans C. Nous restions impuissants devant tant d'acharnement. « On a tellement honte, dit Polk-Mowbray, qu'avec toutes les ressources culturelles dont nous disposons un journal anglais publié à l'étranger puisse imprimer des textes aussi malmenés. Il s'agit, après tout, d'une entreprise quasi officielle : le British Council l'a subventionnée tout exprès pour répandre la culture britannique… »

Nous ne pouvions absolument rien faire. Les extravagances se succédaient obstinément dans les colonnes du *Herald*. Pour couronner le tout, parut dans la rubrique théâtrale une série de chroniques à laquelle Antrobus donna le nom de catastrophes totales : c'est là que l'on put lire un article célébrant avec l'enthousiasme qu'on imagine la cent millième représentation de *La Plume de ma tante*.

Le *Herald* disparut avec l'invasion de la Yougoslavie. Les deux sœurs furent évacuées vers l'Égypte où elles firent des prodiges de vaillance en soignant les réfugiés. Mais, lorsqu'elles rentrèrent à Belgrade, elles se heurtèrent à un régime communiste plein de méfiance qui leur refusa catégoriquement l'autorisation de faire reparaître le *Herald*. Elles vinrent exposer leurs doléances à l'ambassade où Polk-Mowbray leur témoigna une compassion théâtrale mais distraite. Il promit de plaider leur cause auprès de Tito mais il n'en fit évidemment jamais rien. « Si elles recommencent ce journal, déclara-t-il d'un ton résolu aux gens de la chancellerie, je donne ma démission. – On se paierait votre *fête*, monsieur l'Ambassadeur », répondit Spalding. (Le personnel de la mission était pratiquement le même que celui d'avant-guerre.)

Mr. Tope revint aussi : à la surprise générale, il s'était déclaré et Bessie avait favorablement accueilli sa demande en mariage. Il jouissait maintenant d'une certaine prospérité et il occupait le poste de ce qu'on appelait jadis le correspondant des neutres – à juste titre ou non, qui pourrait le dire ?

— Ma foi, je trouve que le problème a été fort bien réglé en faisant décerner à chacune des vieilles sœurs l'ordre de l'Empire britannique pour services rendus à la culture anglaise. Je n'oublierai jamais la cérémonie de remise des décorations : Enid et Bessie en larmes, et Mr. Tope, la gorge nouée comme un crapaud qui vient de gober un œuf. Je me souviens encore de la manchette rédigée par Spalding pour un numéro à venir du *Herald* : « Toute l'ambassade a câblé le champagne en l'honneur des nouvelles décodées. »

— Tout cela est bel et bon, observa Antrobus d'un ton sévère. Mais toute une génération de Serbes a vu son anglais estropié et massacré par la lecture du *Herald*. Tenez, mon vieux, j'ai reçu hier encore une lettre du jeune Babic, vous vous souvenez de lui ?

— Naturellement.

— Pour lui, l'Angleterre est parsemée de villes et d'endroits dont il n'a pu connaître l'existence que par le *Herald*. Il me dit qu'il a été ravi de visiter le palais de Bookingham et d'aller au derby d'Atchoum. Il a en outre assisté à la soulève de la Garde. Il assure que le carillon de Dick Ben l'a ému aux larmes et qu'il a vu un film superbe qui s'appelle *Autant en emporte le gant*. Non, non, mon cher, dites ce que vous voulez, mais le *Herald* a une grande responsabilité. C'est à cause d'influences aussi néfastes que celles des Grope et des Tope de ce monde que le British Council doit mener un combat aussi rude. Encore un doigt de Glenfiddich ?

IV. Les petits riens

— Dans la diplomatie, déclara Antrobus, un petit rien peut causer votre perte. Des détails qui semblent négligeables. Le diplomate chevronné est toujours à l'affût de ces signes du destin et fait son possible pour les éviter. Il y réussit quelquefois mais peut aussi échouer totalement dans ses efforts : il s'ensuit alors un tort irréparable.

» Les étrangers ont tendance à être d'une extraordinaire susceptibilité sur des points de détail : d'importantes négociations ont parfois été compromises pour de simples erreurs de langage, interprétées comme un affront. Je me rappelle un personnage italien (disons qu'il détenait le portefeuille de quelque obscur ministère). Avec la témérité des ignorants, il grimpa en rade de Naples du mauvais côté du navire amiral où se trouvait le commandant en chef des forces navales en Méditerranée : il apportait au nom de la municipalité un bouquet de violettes et une bouteille de strega. Non seulement on l'éconduisit proprement mais on le menaça à coups de gaffe en cuivre. Cette indignité nous coûta fort cher et il fallut pratiquement recourir à un massage pour rétablir la situation.

» Il y eut aussi l'épisode de la femme de l'ambassadeur de Finlande à Paris qui avait suivi une cure d'amaigrissement si sévère qu'elle avait souvent des gargouillements d'estomac. On les entendait distinctement lors des réceptions. Sans doute avait-elle faim. Mais à peine avait-elle mis le pied dans un salon où était dressé un buffet que son estomac émettait des grondements de protestation. Elle essaya bien de s'en tirer en jetant autour d'elle des regards sévères, mais en vain. Bien sûr, les gens qui n'étaient pas au courant croyaient simplement que quelqu'un déplaçait des meubles à l'étage au-dessus. Mais, dans les dîners privés, il lui était impossible de déguiser le phénomène : elle restait assise à gargouiller au nez de ses invités qui, faisant frénétiquement assaut de courtoisie, tentaient de dissimuler ces rumeurs en parlant fort. Son étoile ne tarda pas à pâlir dans le corps diplomatique. Des silences s'appesantissaient à ses réceptions : il n'est rien que les diplomates redoutent autant. Quand des silences commencent à tomber, rompus seulement par les grondements qui montent des entrailles d'une dame, c'est le commencement de la fin.

» Mais assurément le plus remarquable exemple de ce genre d'incident se produisit le soir où Polk-Mowbray avala une mouche. Je ne crois pas vous avoir jamais raconté cela. C'est un de ces épisodes qu'on n'évoque qu'à titre strictement confidentiel. Cela se passait à un dîner donné pour la Guilde des marchands de bois de la République populaire de Serbie, durant la semaine de Noël en 52. La Yougoslavie venait tout juste à cette époque de rompre avec Staline et commençait à penser que l'Ouest n'était pas entièrement peuplé de « hyènes capitalistes », comme on disait dans la presse. Naturellement, ils nous tenaient encore dans la plus grande méfiance. Le petit groupe de paysans en costumes sombres qui avaient accepté l'invitation à dîner de Polk-Mowbray mouraient de chaleur et étaient extrêmement embarrassés. La plupart d'entre eux ne parlaient que leur langue maternelle. Toutefois, le camarade Bobok, le chef de la délégation, possédait quelques rudiments d'anglais. C'était un gigantesque paysan bosniaque et son crâne chauve luisait de sueur. Le numéro deux, Popic, pratiquait la forme de français qu'on doit enseigner dans les écoles missionnaires de Polynésie. Sur le plan diplomatique, ils étaient durs à traîner.

» Je ne dirai rien de leur façon malpropre de se tenir à table : Drage, le maître d'hôtel, ne cessait de circuler autour de la table en les dévisageant comme s'il avait perdu la tête. Lorsqu'on desservit les assiettes à soupe, nous étions tous en nage et un peu gênés. La conversation était au niveau du bas néolithique : grognements, feulements et bizarres moulinets exécutés au couteau et à la fourchette. Bobok et Popic étaient assis respectivement à la droite et à la gauche de Polk-Mowbray. Ils étaient flanqués de Spalding, l'attaché commercial, et de moi-même. Nous étions absolument déterminés à ce que la soirée fût réussie. De Mandeville, pour d'étranges raisons de lui seul connues, avait décrété que nous dégusterions de la dinde à la moutarde suivie d'un pudding : sans doute parce que c'était la semaine de Noël. Le camarade Bobok se prit d'une aversion quasi immédiate pour la moutarde : il ne parvenait à en apaiser les brûlures qu'au prix de force libations, ce qui, d'ailleurs, n'était pas plus mal car cela le mettait de joyeuse humeur.

» Tout le dîner aurait pu fort bien se passer sans cette maudite mouche qui, depuis le début du repas, tournoyait autour des bougeoirs Regency : elle choisit en définitive de se faire brûler les ailes et de ramper sur l'assiette à pain de Polk-Mowbray pour aller y mourir ; Polk-Mowbray, pour sa part, subissait la redoutable épreuve de devoir décoder les lourdes plaisanteries du camarade Bobok énoncées dans un anglais approximatif : l'espace d'une fatale seconde, il laissa vagabonder un peu son attention.

» Tout en devisant, il prit distraitement dans son assiette un morceau de pain : vous le savez, il ne cesse pendant un dîner de rouler la mie en boulettes. Dans un instant d'horreur, Spalding et moi vîmes alors arriver quelque chose à quoi notre formation de diplomate ne nous avait pas préparés. Certes, j'ai vu à une soirée un journaliste croquer son verre et une fois, à Prague, j'ai pu voir l'épouse d'un diplomate indien boire d'un trait un verre de vodka en s'imaginant que c'était de l'eau. Mais jamais, au cours de ma longue carrière, je n'ai vu un ambassadeur avaler une mouche : c'est pourtant ce que fit justement Polk-Mowbray. Il a une grande bouche et c'est dans ses profondeurs que Spalding et moi vîmes disparaître l'insecte. Il y eut une pause haletante : notre malheureux ambassadeur se rendait soudain compte que quelque chose n'allait pas. Un frisson d'horrible prémonition le secoua tout entier. Ses grands yeux expressifs s'arrondirent et se figèrent d'horreur.

» L'incident, par malchance, coïncida avec deux autres : d'abord, Drage fit son entrée, apportant un pudding flambé décoré de feuilles de houx. Nos hôtes furent quelque peu surpris par cette apparition : le camarade Bobok, persuadé que l'arrivée du gâteau embrasé devait donner le signal d'une série de toasts diplomatiques, sauta sur ses pieds en criant d'une voix forte : « Au camarade Tito et à la Guilde des marchands de bois de la République populaire de Serbie. *Jiveo !* » Ses compatriotes se levèrent comme un seul homme en clamant : « *Jiveo !* »

» Cependant la lumière commençait à se faire dans l'esprit de Polk-Mowbray. Il poussa un cri rauque, vibrant de désespoir et d'ailes de mouche carbonisées. Il jaillit de son siège, leva les bras au ciel et s'avança en chancelant vers la carafe posée sur une desserte, secoué d'une violente quinte de toux. Spalding et moi, je regrette de le préciser, pliés en deux par une crise de fou rire, le suivions en lui administrant des tapes dans le dos. Nous devions offrir aux Yougoslaves stupéfaits le spectacle de trois diplomates à demi morts de rire, en train de se donner de grandes claques dans le dos sans se soucier le moins du monde de ce toast solennel. Pis encore, avant qu'aucun de nous ait pu se retourner pour expliquer la situation, le coude de Spalding entra en contact avec la colonne vertébrale de Drage. Le maître d'hôtel trébucha et vint répandre le pudding comme une bombe incendiaire sur la table et sur nous tous. La délégation yougoslave était assise là, avec des petits bouts de pudding qui flambaient gaiement sur leurs genoux ou sur leur gilet : aucun de ses membres n'était capable pour l'instant de la moindre pensée constructive. Spalding, il me faut bien en convenir, était agité par les spasmes d'un rire contagieux. De Mandeville, cramponné à un pied de la table, et qui lui aussi avait été témoin de la tragédie, éclata brusquement d'un rire aigu de femme.

» Je dois reconnaître que Polk-Mowbray se reprit vaillamment. Il avala une énorme gorgée de vin de la carafe et nous ramena tous jusqu'à la table, se répandant en regrets et en excuses qui, il faut bien le dire, parurent peu convaincants. Comment pouvaient réagir des communistes en entendant un représentant de ces « hyènes capitalistes », expliquer qu'il a avalé un moucheron ? Drage, cependant, s'affairait à éteindre les morceaux de pudding.

» Nous fîmes quelques tentatives pour sauver la soirée, mais ce fut en vain. L'horrible était que chaque fois que le regard de Spalding croisait celui de De Mandeville, tous deux éclataient d'un rire irrépressible. Les Yougoslaves – j'allais dire : prirent aussitôt la mouche – se cantonnèrent dans un silence obstiné. Avant même qu'on eût servi le café, ils avaient opéré une retraite massive.

» De toute évidence, l'accord de Spalding sur le bois de construction allait une fois de plus sombrer dans un climat de méfiance mutuelle. Dans son style inimitable, le *Central Balkan Herald* résuma de la façon suivante toute l'affaire : « Nous croyons savoir que l'ambassadeur de Grande-Bretagne a donné récemment un grand dîner. La pièce de résistance en était un boum pudding, ce qui permit à tous les convives de profiter d'une soirée typiquement britannique. » On ne saurait plus justement évoquer cet épisode, vous ne trouvez pas ?

V. Pour diffusion immédiate

« La plupart des gens de la Carrière, déclara Antrobus, ont souvent tendance à s'imaginer que leur service est plus difficile à faire fonctionner qu'un autre. Je dois pourtant reconnaître que j'ai toujours rendu hommage à vous autres de l'Information. Il me semble que le travail du service de presse a un potentiel d'horreur plus élevé que n'importe quel autre. »

Bien sûr, il a raison. Antrobus, d'ailleurs, a toujours raison. Et même si je n'appartiens plus au corps diplomatique, c'est avec fierté que, tout compte fait, je reçois cet hommage, si tardif soit-il.

Un chargé de presse est comme un homme qu'on aurait cloué sur une fourmilière d'Afrique pour satisfaire l'appétit des termites. Jamais on ne nous décerne la moindre décoration. Vous ne lirez jamais dans le *Times* qu'un attaché de presse vient de recevoir la George Cross pour avoir sauvé un reporter en train de se noyer dans sa bière. La plupart du temps, nous restons assis là comme si nous attendions, la langue pendante, qu'on nous distribue la médaille de l'ordre de l'Empire britannique.

Qu'y a-t-il de plus éprouvant, je vous le demande, que de donner aux journalistes le sentiment qu'on les aime et qu'on a besoin d'eux : faute de quoi, ils sombrent dans les affres de leur complexe d'Œdipe et se mettent à réclamer la constitution d'une commission parlementaire pour inspecter le fonctionnement des services d'information. On dira ce qu'on voudra, ce n'est pas une tâche enviable.

La plupart des chargés de presse que j'ai connus ont fini peu à peu par disjoncter. Je pense, par exemple, à Davis, qu'on a retrouvé émettant des propos sans suite sur le toit de la pagode du Nan Tal à Bangkok. Tout ce qu'il arrivait à dire, c'était : « Pour diffusion immédiate, en priorité absolue. » Il y a eu aussi Perry, qui se préparait des œufs durs sur une lampe à alcool dans son bureau. Il a fini par donner une conférence de presse en pyjama.

Mais je crois que, de tous ceux que j'ai rencontrés, le plus charmant fut celui qui a occupé ce poste pour une courte période : Edgar Albert Ponting. Il était tout à fait unique. On se demande comment il a pu être recruté dans un pareil corps d'élite. On me l'avait envoyé comme second secrétaire quand j'étais à Belgrade. Dépassé par l'ampleur de ma tâche, je demandais désespérément un assistant. La presse sur place comptait une cinquantaine d'âmes – si on estime que les journalistes ont une âme. Je ne parvenais pas à leur donner à tous l'impression d'être aimés et indispensables. Le problème de Trieste pesait sur nous, avec la redoutable éventualité de voir un conflit éclater là-bas. Seule la propagande, m'avait-on dit, pouvait maintenir l'équilibre et permettre de ne voir éclater que des pétards. Je réclamai de l'aide au Foreign Office. Elle arriva avec la rapidité et l'efficacité qui sont traditionnelles dans le service diplomatique. Au bout de deux mois, mon onzième télégramme éveilla quelque part un écho compatissant et on m'annonça qu'Edgar Albert était en route. Ce fut un immense soulagement. Mes efforts de fraternisation avec la presse avaient à cette époque fait monter le niveau de ma consommation d'alcool à trente *slivovitza* par jour. Les gens affirmaient pouvoir distinguer les battements de mon pouls sur le haut de mon crâne. Mon ambassadeur me regardait d'un drôle d'air songeur, la tête penchée de côté. J'étais sur le point de craquer. Mais quelle merveille de savoir que de l'aide arrivait. On mettait une quarantaine d'heures pour faire le trajet de Londres à Belgrade. Bientôt, Ponting serait à mes côtés, à lever le coude suivant ce rythme régulier qu'acquièrent si facilement les chargés de presse de par le monde.

Je portai un toast d'Alka-Seltzer à Ponting et je me fis apporter le dossier « Affaires urgentes ». La nouvelle me parvint de Paris qu'on ne l'avait pas trouvé dans le train. Après quatre jours d'attente, un message annonça qu'on l'avait retrouvé. Il était actuellement à Sainte-Anne : il devait en sortir dans le courant de la journée pour reprendre son voyage. J'éprouvai un certain malaise en me rappelant que Sainte-Anne était un asile de fous. Mais mes appréhensions s'apaisèrent et je suivis son périple : on me signala son passage sans encombre en Suisse, puis en Italie. Il y eut un inquiétant arrêt à Pise qui dura dix jours. Puis vint une dépêche de notre ambassade à Rome, précisant que notre vice-consul là-bas l'avait repéré et mis dans le train. Cette information fut suivie d'un télégramme un peu bizarre de Ponting lui-même qui disait : *Impossible de vous dire l'impression que j'ai ressentie devant la tour de Pise, mon vieux. Suis en route. Avanti. Ponty.*

Il y eut un autre arrêt à Venise, mais de courte durée. Notre vice-consul était en voyage. Ponting apparemment avait emprunté mille lires au gondolier du consulat et s'était présenté aux employés de la chancellerie comme un ressortissant britannique en difficulté domicilié à Lisbonne. Tout cela ne manquait pas évidemment de me troubler mais, je l'ai dit, on s'habitue à rencontrer chez les membres du service d'information un sens du théâtre extrêmement développé. Ils mènent une existence si terne. Toutefois, quand il eut passé Trieste et Zagreb, je commençai à respirer : je pris mes dispositions pour aller moi-même l'accueillir.

L'Orient-Express arrive dans la soirée. J'avais prévu un petit dîner tranquille dans mon appartement. Je pourrais ainsi raconter mes malheurs à Ponting et le préparer aux problèmes qu'il allait devoir affronter : la visite imminente du secrétaire au Foreign Office ; des rumeurs insistantes concernant des mouvements de troupes russes ; les négociations commerciales avec la Grande-Bretagne qui passaient par une phase délicate. Et ainsi de suite.

Il n'était pas à la gare : je sentis mon cœur se serrer. Mais Babic, le chauffeur de l'ambassade, interrogea le contrôleur des wagons-lits : nous apprîmes que Ponting était bien arrivé. « Il a dû partir à pied, expliqua le contrôleur. Il avait très peu de bagages, à part son banjo : un petit étui grand comme un sac de dame. »

Songeurs, nous reprîmes les rues mal pavées de la capitale. Nous descendîmes Knez Mihailova pour nous rendre au seul hôtel réservé aux étrangers : tous les autres avaient été transformés en soupes populaires et en restaurants communautaires. Il ne s'y trouvait pas. J'étais debout devant la réception, plongé dans mes pensées, quand la porte tournante de l'hôtel s'ébranla, d'abord lentement, puis avec une vélocité sans cesse croissante qui attira bientôt les regards du personnel. Quelqu'un de manifestement un peu désorienté essayait d'entrer dans l'établissement. J'avais le sentiment qu'il en faisait un peu trop. Les portes maintenant tournoyaient si vite qu'elles donnaient l'impression de devoir d'un instant à l'autre filer à travers le plafond sous l'effet de la force centrifuge. Ponting était au cœur de ce maelström, piégé comme une mouche dans l'ambre. Entre deux rotations, j'aperçus son visage pâle et modeste : il arborait une expression de total désespoir. Comment en était-il arrivé là ? Aurait-il pris ces portes d'acajou massif pour un rideau de perles ? Impossible à dire. Tout en tourbillonnant éperdument, il tenait toujours son banjo serré contre sa poitrine. On entendait en même temps un bourdonnement obsédant, comme le bruit d'un réacteur nucléaire en pleine réaction ou d'une toupie géante tournant à toute vitesse. Ponting avait un air abasourdi mais déterminé : on aurait dit une vieille fille prise dans une soufflerie et qui s'efforce de maintenir ses jupes autour d'elle. Un petit groupe de domestiques s'était formé à distance respectueuse pour observer le phénomène. Et puis, sans crier gare, le second secrétaire fut catapulté au milieu de nous : on aurait dit quelqu'un projeté par un canon dans un filet. Nous reculâmes sous le choc pour nous affaler en tas sur l'escalier. L'espace d'un instant, son visage exprima toute la terreur d'un paralytique dont le fauteuil roulant vient d'échapper à son contrôle pour se précipiter droit vers le canal. Puis il se détendit, il se laissa dûment épousseter, sans cesser de fixer son banjo d'un regard anxieux. « Dieu soit loué, Ponting, dis-je, vous voilà enfin. » Je ne sais pourquoi j'invoquai dans de pareilles circonstances le nom du Seigneur : le mot m'avait échappé.

Il se présenta non sans quelque affectation. Il avait l'œil résolument vitreux. Quelqu'un de plutôt introverti, décidai-je. Je dois dire toutefois que ses premiers mots « ne laissèrent pas » (comme nous disons dans nos dépêches) de me causer quelque appréhension. « Cette *slivovitza*, dit-il d'une voix rauque, c'est rudement fort. Ça m'a pratiquement conféré un don de double vue, mon vieux. Il ne faut pas en vouloir à ce pauvre Ponting. » Il agita sous mon nez un doigt désemparé. On aurait dit que lui aussi avait besoin de se sentir aimé et indispensable.

Physiquement, c'était plutôt un petit format : une poitrine de pigeon, de longs bras qui se terminaient par des doigts jaunis de nicotine. Il avait le regard triste et innocent d'un corniaud. « Ponting, fis-je, vous feriez mieux d'aller vous reposer un peu avant le dîner. » Sans protester, il prit l'ascenseur et, s'appuyant lourdement contre moi dans la cabine, me murmura dans un souffle, mais d'un ton convaincu : « Si jamais j'ai le prix Nobel, ce ne sera pas celui de physique. » Au fond de mon âme, je ne pouvais m'empêcher d'être d'accord avec lui.

Il s'allongea sur son lit, se débarrassa de ses chaussures, croisa les bras derrière la tête et déclara (avec de véritables accents de ventriloque) : « Couac. Couac. Couac. Ici, Ponting. » Puis, d'une voix totalement différente : « Vous avez dit Ponting ? Non, sûrement pas Ponting. » Reprenant alors le ton d'une marionnette à laquelle il ressemblait si fort, il dit : « Mais si, Ponting. Le seul, le vrai Ponting, Ponting de Pontefract, dans le Yorkshire. »

— Ponting, lançai-je d'un ton sévère.

— Couac. Couac, répondit la marionnette.

— Ponting, annonçai-je, je m'en vais.

Il ouvrit les yeux et promena quelques instants autour de lui un regard égaré. « Est-ce vrai que l'ambassadeur se nourrit de sandwiches au rossignol ? » interrogea-t-il. Des larmes brillaient dans ses yeux. « J'ai lu ça dans le *Daily Express.* » Je lui jetai un regard empreint d'une glaciale dignité.

— Je vous parlerai demain, conclus-je, quand vous serez dégrisé.

Je sortis sur cette flèche du Parthe.

Le lendemain matin à onze heures, pas trace de Ponting : j'envoyai la voiture du bureau le chercher. Il avait un air vague et un peu effrayé, une grosse écharpe de laine autour du cou. Ses yeux semblaient sur le point de fondre comme des bonbons de couleur.

— Mon vieux, commença-t-il d'une voix rauque, vous vouliez quelque chose ?

— Je voulais vous présenter à Son Excellence, mais je ne peux pas vous emmener quand vous avez l'air d'un marchand d'habits.

Il s'inspecta d'un air étonné.

— Qu'est-ce que j'ai ? fit-il.

— Je parie que sous ce cache-nez, vous n'avez pas de chemise, répliquai-je. J'avais déjà entr'aperçu une veste de pyjama. « Bah, dit Ponting, de toute façon, je peux signer le registre, non ? »

Il me suivit d'un pas traînant dans la chancellerie jusqu'à la résidence de l'ambassadeur qui, je le savais, serait déserte à cette heure. D'une plume ruisselante, il fit une ou deux passes magnétiques sur le registre des visiteurs, pour conclure par un pâté de la taille d'un citron. « C'est l'altitude, expliqua-t-il. Mon stylo a explosé dans ma poche. » Pendant ce temps, je m'affairais à essuyer l'encre avec mon mouchoir. « Mais vous êtes venu en train, protestai-je avec une exaspération manifeste, pas par avion. » Ponting acquiesça. « Je veux dire : l'altitude de la tour de Pise », répliqua-t-il d'un ton sévère.

Je le raccompagnai jusqu'à la porte de la chancellerie.

— Est-ce que je pourrai revenir ? demanda-t-il d'un ton humble. Il faut quelques jours pour s'acclimater à un nouveau poste. Son Excellence n'en voudra pas à ce pauvre Ponting, hein ?

— Partez, dis-je en désignant du doigt les grilles de l'ambassade. Et ne revenez que quand vous serez en état de faire convenablement votre travail.

— Faut pas m'en vouloir, mon vieux, dit-il d'un ton de reproche. Ponting vous comprend.

— Partez, répétai-je.

— Dans mon dernier poste, reprit Ponting d'une voix teintée de mélancolie, on disait que j'étais d'une insolence muette.

Il descendit d'un pas lourd l'allée jusqu'à la voiture qui attendait, secouant la tête d'un air navré.

J'étais en proie à la plus affreuse désolation. Que faire d'un ventriloque qui jouait du banjo et qui parlait la moitié du temps comme Donald le canard ?

J'entrai dans la chancellerie et je pris l'annuaire du Foreign Office pour examiner les antécédents de Ponting : pour ce qui était de sa situation présente, les choses n'étaient que trop évidentes. Il avait occupé un certain nombre de postes mais jamais aucun pour plus d'un mois : on l'avait déplacé à travers le monde à toute allure. Sans doute avait-il laissé derrière lui dans chaque ville les marques indélébiles d'un comportement qu'on ne pouvait excuser qu'en invoquant une forme des plus sévères de troubles de la personnalité. « Ça va être dur, dis-je à Potts, l'archiviste. Regardez un peu le dossier de ce type. » Il chaussa ses lunettes et me prit l'annuaire des mains.

— Oui, dit-il, on dirait qu'à chaque poste où il a été affecté, il n'est pas passé inaperçu. Pauvre Ponting !

— Pauvre Ponting ! fis-je, furieux. Vous voulez dire : pauvre de moi !

Après cela, je ne vis pas Ponting pendant plusieurs semaines. Un jour, à une heure avancée de la soirée, le chef de la chancellerie le surprit dans le hall de l'hôtel : devant un auditoire de journalistes qui n'avaient plus tout à fait leur tête à eux, il exécutait un numéro de claquettes et jouait du banjo. Une forte odeur d'alcool de prune flottait dans l'air. En ce temps-là, cela coûtait environ quatre pence le verre. Ponting entonna une petite chansonnette, fit quelques pitoyables pas de parkinsonien et conclut son numéro en tirant à un bon mètre de son col l'élastique de son nœud papillon avant de le laisser lui frapper le plastron. Antrobus, qui était alors premier secrétaire, assista à la scène, muet de stupéfaction. « Par Dieu, déclara-t-il avec ferveur, jamais je n'ai vu un diplomate se laisser aller à ce point-là. Il m'a adressé un claquement de langue fichtrement familier et m'a raconté qu'il avait jadis fait partie d'une troupe de mimes sur le port de Clacton. Impossible de le ramener à la raison. Il était… » Les mots lui manquaient. Il rapporta l'incident à Son Excellence : dans l'arsenal de son expérience diplomatique, l'ambassadeur trouva le mot qui avait échappé à Antrobus.

— Bizarre, dit-il d'un ton grave. Il me semble que ce Ponting est un peu bizarre.

— En effet, monsieur l'Ambassadeur, dis-je.

— C'est extrêmement curieux, reprit-il. Votre prédécesseur était un ancien d'Oxford. Il était bizarre aussi. Aux conférences de presse, il se levait d'un bond en confessant les péchés les plus épouvantables. Les journalistes ont fini par protester. (Il marqua un temps.) Si vous me permettez cette remarque, reprit-il, une bonne partie du service d'information au Foreign Office me paraît un peu… ma foi, bizarre.

Je sentais qu'il était en train de se demander avec une certaine angoisse de quelle forme particulière de troubles mentaux je pouvais bien souffrir.

— Je crois malheureusement que Ponting va devoir partir.

— Oh ! si vous le dites. Toutefois, il a eu la courtoisie de signer le registre des visiteurs. Il faut que je l'invite à ma table avant son départ.

— Je ne vous le conseillerais pas, monsieur l'Ambassadeur.

— C'est pourtant ce que je vais faire. Pauvre diable. On ne sait jamais quelle idée va lui passer par la tête.

— Très bien, monsieur l'Ambassadeur.

Ponting désormais devint une sorte de personnage légendaire. J'essayais de temps en temps de le trouver, mais il semblait n'être jamais chez lui. Il me téléphona un jour pour m'annoncer qu'il était très occupé par une foule de contacts qu'il avait pris et que je ne devais pas m'inquiéter. Il avait fait un malheur avec la presse, ajouta-t-il : tout le monde aimait le vieux Ponting, tout le monde le réclamait. L'exaspération me laissa sans voix : j'en oubliai de lui dire que des télégrammes avaient déjà été adressés au Foreign Office pour demander son rappel. Antrobus arriva un jour dans mon bureau : il avait l'air à deux doigts d'être victime d'une grave hémorragie interne. « Ce Ponting, s'exclama-t-il, il doit absolument quitter le pays. La réputation de la Grande-Bretagne… » Ses propos devinrent tout à fait incohérents.

— Qu'a-t-il encore fait ? demandai-je à Antrobus qui pour une fois ne s'exprimait pas avec sa précision habituelle.

Il avait rencontré Ponting qui, déguisé en centurion romain, descendait à midi la rue principale de la ville. Il était allé apparemment à un bal costumé donné par les Ballets yougoslaves, et regagnait son hôtel. « Il titubait, déclara Antrobus. Il titubait littéralement et était incapable d'articuler un mot. Comme s'il avait les lèvres en caoutchouc, vous savez. Et il m'a encore fait un claquement de langue. Agrémenté d'un clin d'œil ; un de ces clins d'œil… (Il frémit à ce souvenir.) Et ce n'est pas tout, ajouta Antrobus d'une voix qui montait vers les aigus. Ça n'est absolument pas tout. À trois heures du matin, il a téléphoné à Eliot pour lui dire que Son Excellence ne comprenait rien au problème de Trieste et que lui, Ponting, entamait personnellement des négociations unilatérales avec Tito ; je crois bien que seule la présence des nids de mitrailleuses installés devant le palais du maréchal l'a empêché de mettre sa menace à exécution. Mais, écoutez-moi bien, nous n'avons pas fini d'entendre parler de lui. » Jamais l'avenir de Ponting n'avait semblé plus sombre. Cet après-midi-là, nous reçûmes un appel du ministère des Affaires étrangères qui désirait faire parvenir un *aide-mémoire*[1] à l'ambassade. Ce fut Montacute qui alla chercher le document : c'était le nouveau conseiller. Il revint une heure plus tard, en s'épongeant le front.

— Ils disent que Ponting est un agent des Services secrets. Si nous ne le révoquons pas, il sera déclaré *persona non grata*.

Je poussai un soupir de soulagement.

— Parfait. Voilà qui va forcer la main du Foreign Office. Je vais envoyer un message urgent.

Ce que je fis. La réponse arriva sans ambages le soir même : *Edgar Albert Ponting nommé à Helsinki. Doit rejoindre son poste par les moyens les plus rapides.*

Armé de ce télégramme, je me mis à sa recherche. Il n'était pas à l'hôtel, pas plus qu'à aucun des restaurants à la disposition des étrangers. Pas davantage au Club de la presse : toutefois, Garrick, du *Mirror*, qui tentait de noyer son sentiment de frustration dans de triples *slivovitza*, m'assura l'avoir aperçu : « Je l'ai vu voilà quelques heures, bloqué dans l'ascenseur. Mais je ne sais pas où il est allé après ça. » Je finis par le

1. En français dans le texte.

dénicher dans un bistro balkanique au nom imprononçable. Il était assis au bar, flanqué de deux filles. Les yeux levés vers le plafond, il chantait d'une petite voix de bronchitique :

Je suis le dernier qui reste au coin de la rue,
Il n'y avait plus de fille pour moi :
Celle que j'aimais en a épousé un aaauuutre,
Mais oui, un aaauuutre, un aaauuutre,
Qui l'a emmenééééee loin sur la mer.

Il était si bouleversé par sa chanson qu'il éclata en sanglots : il versait de grosses larmes presque solides qui ruisselaient sur ses joues pour faire des taches sur le comptoir. Ce genre de comportement est assez courant chez les Serbes chaque fois qu'ils sont ivres et qu'ils songent à la tragédie du grand panslavisme. Les deux filles lui prodiguaient des tapes affectueuses dans le dos. « Pauvre vieux Ponty, murmurait Ponting d'un ton apitoyé. Personne ne comprend Ponty. Jamais il ne s'est senti aimé ni indispensable. » Il se moucha violemment dans un mouchoir sale et vida son verre. Cela parut le ragaillardir. Il lança d'une voix claire avec un fort accent cockney :

Venez me verser le vieux breuvage familier
Il m'semble que ça me fera du bien…

— Ponting, dis-je, j'ai des nouvelles pour vous.

Il saisit le télégramme de ses doigts tremblants et le lut lentement, comme un paysan qui déchiffre le Credo.

— Qu'est-ce que ça veut dire ? fit-il.

— Vous partez demain. Une crise vient d'éclater à Helsinki qui ne souffre aucun délai. Ponting, le Foreign Office vous a choisi, vous. C'est votre patrie qui vous réclame.

— Ta ra ta ta, répliqua-t-il fort irrévérencieusement.

Il se leva comme pour saluer le drapeau. Nous ne pûmes résister au besoin d'en faire autant : les filles serbes, le barman et moi. Ce fut le dernier souvenir que je devais emporter avec moi de Ponting. Souvent, j'ai pensé à lui, et toujours avec affection et respect. Voilà quelques années, j'ai vu qu'il avait été muté au Colonial Office : à compter de ce jour, croyez-moi si vous voulez, mais vous ne pouviez pratiquement pas ouvrir un journal sans découvrir qu'une crise avait éclaté dans la colonie où Ponting avait justement été affecté. C'est peut-être la simple force de l'influence de Ponting qui pousse l'Empire britannique si rapidement vers l'abîme. Je n'en serais pas du tout surpris.

VI. Le lait de l'homme blanc

— La vigne, déclara Antrobus d'un ton docte tout en fixant les reflets ambrés de son tío pepe, la vigne est un produit étrange. Je dirais que c'est la croix que doit porter le diplomate : tout comme je dirais que, dans la profession, une main ferme est indispensable si l'on veut bien faire son travail… Non ? Les tragédies dont j'ai été le témoin, mon vieux… vous ne le croiriez pas.

— Ponting ?

— Certes… mais je ne pensais même pas à la faiblesse humaine. Songez seulement aux diverses expériences relevant de l'alcoolisme qu'on a l'occasion d'observer dans la Carrière. Tenez, un seul exemple : les fêtes nationales.

— Mon Dieu, oui.

— Boire de la vodka avec les Russes. Du champagne avec les Français. De la *slivovitza* avec les Serbes. Du saké avec les Japonais. Du whisky et du Coca-Cola avec les Yankees… La liste semble sans fin. J'en ai vu plus d'un avec une constitution de fer crouler sous l'épreuve. Certains sont plus affectés par une boisson que par une autre. Tenez, il y avait à Riga un vice-consul du nom de Pelmet…

— Horace Pelmet ?

— Oui.

— Il ne buvait pourtant pas tant que ça…

— Non, mais il y avait une boisson qu'il ne supportait absolument pas : le schnaps. Malchance, il a été nommé à Riga, puis à Oslo. Les premiers temps, pas de problème. Il était parfois un peu pompette, voilà tout. Là-dessus il s'est mis à l'être de plus en plus. Et pour finir, il était complètement beurré. Il n'arrêtait pas d'emboutir sa voiture ou d'escalader les guérites à l'entrée de l'ambassade. Nous faisions de notre mieux pour étouffer ces incidents : il aurait pu tenir s'il n'avait pas été envoyé en poste dans une région viticole. Mais ce qui l'a achevé, ça a été cette épouvantable habitude, chaque fois qu'il avait trois ou quatre verres de schnaps dans le nez, de terminer chacune de ses phrases en criant. Vous vous trouviez à une réception parfaitement sérieuse à échanger des idées avec des collègues quand, tout d'un coup, voilà qu'il se lançait. On l'entendait dire – il commençait sur un ton très normal : « Si vous voulez que moi, Pelmet, je vous donne mon avis » – et puis brusquement, il concluait en rugissant : « la politique britannique EST UN VÉRITABLE MYSTÈRE. » Je l'ai entendu faire ça quatorze fois en une soirée. L'ambassadeur d'Allemagne a protesté. Évidemment, le pauvre

Pelmet a dû s'en aller. On l'a mis en disponibilité pendant environ un an, mais pas un chef de mission ne voulait de lui. Il en est mort, le cœur brisé, je crois. Il s'était mis à l'alcool de bois à grosses doses. Pauvre diable ! Pauvre diable !

Il soupira, termina son verre et leva un doigt effilé en direction du bar pour qu'on nous resserve. Merlin, le maître d'hôtel, vint sans bruit remplir nos verres et se retira.

— Mais le plus malchanceux de tous, poursuivit Antrobus après une brève pause, c'était à n'en pas douter Kawaguchi, l'ambassadeur jap à Prague. Sa chute a été tout à fait imprévue. Le pauvre.

— Racontez-moi ça.

— Il était chargé d'une mission assez délicate. Il a débuté fort brillamment. En vérité, ils formaient un couple tout à fait charmant, les Kawaguchi. Bien sûr, ils ne parlaient que le japonais : on aurait dit quelqu'un qui passe une cloche à fromage au papier de verre. Avec le reste du corps diplomatique, ils gardaient le silence. Ils étaient tous deux menus et mignons comme des écureuils. Leurs traits semblaient avoir été dessinés avec un pinceau extrêmement fin sur du papier mâché. Lors des réceptions, ils étaient assis côte à côte, les mains croisées, sans dire un mot. Mais ils avaient ce don de prodiguer les petits gestes de politesse diplomatique : ils envoyaient toujours en cadeaux des confiseries ou des éventails en papier portant la mention « Made in Hong-Kong ». Une fois, je l'ai entendue rire : un drôle de petit cliquetis. Quant à lui, je ne sais vraiment pas comment il se débrouillait avec les Tchèques : à l'époque, il y avait en discussion une sorte d'accord commercial. Peut-être avait-il recours à la télépathie. Ou peut-être avait-il découvert une sorte de pépiement centre-européen. Le personnel de l'ambassade se limitait à deux secrétaires-dactylographes et un maître d'hôtel : aucun d'eux ne parlait tchèque. Mais l'important, c'est ceci : les Kawaguchi ne buvaient jamais rien d'autre que du saké qu'ils faisaient venir dans de petits flacons de grès blanc. Comme vous le savez, c'est une sorte de décoction à base de millet ou je ne sais quoi…

— Salée et aux propriétés légèrement émétiques.

— Exact. Bref, quand ils devaient se rendre à un banquet ou à un raout quelconque, il dépêchait toujours son maître d'hôtel dans l'après-midi avec quelques bouteilles de ce breuvage qu'on plaçait toujours devant lui à table. On était tout à fait habitué à les voir assis tous les deux, avec leurs flacons de saké devant eux. C'était donc le cas lors de cette fatale soirée que je vais vous conter. Je crois que c'était le réveillon de la Saint-Sylvestre : parfaitement, et les Français avaient décidé de donner une réception. Ils faisaient toujours les choses mieux que les autres. Les Kawaguchi étaient là, assis dans un coin, avec leur air habituel de bienveillance hébétée. Il était tard, la fête battait son plein.

On avait assisté aux petits scandales classiques : la femme du consul de Finlande était rentrée chez elle, folle de rage, parce que son mari avait disparu dans le jardin avec l'épouse du premier secrétaire de l'ambassade de France. Un diplomate russe était malade dans les toilettes des hommes. Un attaché militaire dont je tairai le nom se conduisait abominablement mal… nous n'allons pas nous attarder sur ces vétilles. L'orchestre était sous le coup d'une vague de nostalgie et jouait sans arrêt une sélection de vieilles valses viennoises. Vous le savez, la valse est extrêmement difficile à danser et c'est un exercice des plus périlleux. Je vais toujours me mettre à l'abri quand j'entends les premières mesures du *Danube bleu*, mon vieux.

— Moi aussi.

— Vous imaginerez donc ma stupéfaction quand je vis les Kawaguchi se lever de leurs chaises. On ne les avait jamais vus danser : je crus tout d'abord qu'ils prenaient congé. Mais quelque chose d'étrange dans leur attitude attira vite mon attention : ils fixaient des yeux les danseurs comme un couple de léopards. Tous deux avaient un air à la fois ahuri et concentré : comme s'ils se trouvaient à une soirée d'éthéromanes. Là-dessus, il saisit soudain son épouse par la taille et, à la stupéfaction ravie de toute l'assistance, ils se mirent à danser. Ils dansaient à la perfection : une véritable valse viennoise, mon vieux, exécutée de façon impeccable. Pour un peu, j'aurais applaudi.

» Ils firent un premier tour de piste, puis un second : tout était admirable. Et puis, mon vieux, un horrible pressentiment m'envahit, je ne saurais vous dire pourquoi. Était-ce une illusion d'optique, ou bien dansaient-ils un ou deux temps plus vite que la musique ? J'attendis avec une impatience angoissée de les voir revenir. Ce n'était que trop vrai. Ils avaient une ou deux mesures d'avance sur l'orchestre. Mais ils n'en virevoltaient pas moins avec un brio sans faille. Entre-temps, bien sûr, l'orchestre avait commencé à se sentir dépassé et accélérait le rythme. La danse prenait pour tout dire un caractère frénétique. Mais à peine les musiciens avaient-ils rattrapé les Kawaguchi que les deux petits Japs tournoyaient plus vite encore. Peut-être, poussés par quelque obscur instinct venu de Mongolie-Extérieure, s'imaginaient-ils que tout cela était une course. Je n'en sais rien. Mais moi qui connais les dangers et les embûches de la vieille valse viennoise, je sentis ma gorge se serrer de compassion pour eux. Impossible de les aider. De profondes ténèbres envahirent mon âme : tous ses collègues tchèques étaient là sur la piste à danser avec leurs femmes. Ce ne pouvait plus être maintenant qu'une question de temps… La vitesse avait augmenté pour atteindre celle d'un appareil en piqué lors d'un meeting aérien. Nombre de danseurs avaient abandonné, mais il restait encore beaucoup de monde sur la piste. Les Kawaguchi évoluaient toujours à des douzaines d'années-lumière devant l'orchestre : les musiciens, les yeux exorbités, s'escrimaient sur leurs instruments pour tenter de les rattraper. Mais les deux Japonais n'étaient plus un couple de danseurs : ils étaient une arme de mort.

Antrobus s'interrompit pour allumer une cigarette d'une main mal assurée. Puis il reprit d'un ton consterné :

— Le premier à lâcher fut le ministre des Finances tchèque, avec lequel Kawaguchi menait si brillamment ses négociations. Il y eut un brusque claquement : un instant plus tard, il était assis sur les genoux d'un violoniste en se tenant la cheville. Sa femme était plantée là, impuissante, ses bras battant l'air jusqu'au moment où elle s'écroula sur lui. Les Kawaguchi n'avaient rien remarqué : ils étaient en transe. Ils tournaient toujours. Il commença alors à se produire une série de collisions, dont chacune n'avait qu'un caractère bénin : le premier conseiller économique auprès du Trésor, le camarade Cicic, dansait avec une femme dont les proportions massives et les imposants butoirs constituaient déjà en temps normal un risque majeur sur une piste de danse. Dans le cadre d'une valse, imaginer ce qui pourrait se passer avait de quoi faire se dresser les cheveux sur la tête.

» Je calculai que, si les Kawaguchi la heurtaient, cela les arrêterait net. Pas du tout. Ce frêle petit couple avait acquis une force vive si formidable que, quand ils emboutirent Mrs. Cicic, il n'y eut qu'un choc sourd : un poudrier explosa dans son sac à main, faisant s'élever ce qu'on crut être un nuage de fumée. Quand il se dissipa, Mr. et Mrs. Cicic tournoyaient en chancelant dans le coin. Les Kawaguchi poursuivaient leur course triomphale. L'esprit de la valse les habitait maintenant si totalement qu'ils dansaient les yeux fermés. Tout cela était imprégné de ce qui fait l'impénétrable Orient. Je ne me souviens pas avoir connu de toute ma vie pareille excitation. J'entrepris de compter sur mes doigts les victimes. Il y avait maintenant un certain nombre de blessés encore capables de marcher et un ou deux cas au bord de la civière ; partout on entendait les chuchotements stupéfaits des diplomates : « C'est Kawaguchi qui a fait ça... », « Das ist Kawaguchi... » Mais ils valsaient toujours, semant la destruction sur leur passage. Peut-être tourneraient-ils encore si quelqu'un n'avait pas dévié leur trajectoire.

» Je ne me souviens plus très bien comment. Tout ce que je me rappelle, c'est que brusquement ils avaient quitté la piste et évoluaient parmi tables et chaises avec l'élan sans merci d'un chasse-neige. Au fond de la salle de bal se trouvaient de grandes portes-fenêtres qui étaient ouvertes. Elles donnaient sur une vaste terrasse se terminant par un bassin décoratif dans la plus horrible tradition post-Versailles. Qu'importe. Les Kawaguchi disparurent par les portes-fenêtres comme un météore : si fort était l'effet dramatique qu'ils avaient créé que tout le monde se précipita dehors à leur suite pour voir ce qui allait se passer – y compris les musiciens qui, on ne sait pourquoi, continuaient à jouer. On aurait dit qu'à un goûter d'enfants quelqu'un avait crié : « Venez regarder le feu d'artifice. » Nous débouchâmes tous sur la terrasse, criant et gesticulant. L'ambassadeur d'Espagne clamait : « Au nom du ciel, arrêtez-les. ARRÊTEZ-LES ! Caramba ! » Mais il n'y avait personne pour les arrêter.

» L'élan tragique mais d'une incroyable beauté de leur valse les avait entraînés dans le bassin. Normalement, il aurait dû être gelé, mais Prague cette année-là connaissait un redoux. Ils étaient assis là dans trente centimètres d'eau croupie : totalement épuisés, mais avec une expression qui avait quelque chose de vaguement triomphant, ils souriaient à leurs collègues du corps diplomatique. L'air froid de la nuit et l'eau dans laquelle ils baignaient semblaient avoir sur eux un effet apaisant, mais ils ne faisaient aucun effort pour sortir du bassin. Ils se contentaient de regarder dans le vide avec un sourire bizarre. Ce fut à cet instant seulement, mon vieux, que je me rendis compte qu'ils étaient tous deux ivres. Complètement partis. Des gens maintenant se précipitaient avec des lumières. Des médecins et des aliénistes tchèques accouraient de toutes parts. Il y avait même des membres de la Croix-Rouge tchèque avec des couvertures et des brancards.

» Nous pataugeâmes dans la vase pour tirer de là notre collègue et son épouse : après une brève discussion, nous les déversâmes sur des civières. Jamais je n'oublierai le sourire de pure béatitude de Mrs. Kawaguchi. Le visage de son mari n'exprimait qu'une grande paix. Comme on l'emmenait, je l'entendis dire, se parlant à lui-même plutôt que s'adressant à personne en particulier : « Homme oriental différent d'homme occidental. » J'ai toujours précieusement gardé le souvenir de cette remarque. La femme du chargé d'affaires français exprima à peu près la même chose : « Comment déjà dit votre Keepling : “Ist is Ist and Vest is Vest” ? » Toutefois, j'étais navré pour les Kawaguchi. Malgré tout ce que l'incident avait pu avoir de superbe, nous nous retrouvions tous à minuit moins trois couverts de boue et de confusion. Certaines des femmes de l'assistance avaient essayé d'attirer l'attention en se jetant à l'eau après eux. L'ambassadeur d'Italie avait une sorte de ligne de flottaison au milieu de son pantalon de soirée. La salle de bal ressemblait à un poste de premiers secours sur le front de la Somme. Impossible de prétendre que la soirée n'était pas gâchée. Et, surtout, il y avait cette odeur épouvantable. Tous les égouts apparemment se déversaient dans ce romantique petit étang artificiel. Cela faisait bien longtemps qu'on n'en avait pas troublé les eaux. Les Français étaient absolument désolés et, pour ma part, j'étais navré pour eux.

Aucune mission ne pourrait prendre à la légère un épisode comme celui-là.

Antrobus dégonfla ses joues et se renversa dans son fauteuil : il m'observait avec attention pour s'assurer que j'avais pleinement apprécié tous les détails du drame. Puis il reprit de son ton habituel de sacristain :

— Les Kawaguchi ont pris l'avion pour Tokyo le lendemain après-midi. Sa mission s'était soldée par un échec et il le savait. Il n'y avait, je dois le dire, que deux collègues venus lui faire leurs adieux à l'aéroport : moi-même et cet abominable attaché militaire dont on ne me persuadera jamais de dire le nom. Kawaguchi était profondément ému à l'idée que nous avions pris la peine de nous enquérir auprès du Protocole de l'heure de son départ. Je lui serrai longuement la main. Je savais qu'il n'était pour rien dans toute cette histoire. Je savais qu'il avait fait cela purement par mégarde.

— Comment cela ?

— Le maître d'hôtel a vendu la mèche quelques semaines plus tard. Ce mois-là, à ce qu'il semble, la caisse habituelle de saké n'était pas arrivée. Ils étaient à court d'alcool. Que pouvait donc faire un maître d'hôtel digne de ce nom, quelle que fût sa nationalité ? Il prit quelques-unes des bouteilles de saké et les remplit de… devinez ?

— De mauvais whisky.

— Tout juste ! Il appelait cela « le lait de l'homme blanc ».

— Quelle horrible malchance.

— Certes. Mais ce sont les risques que nous encourons dans la Carrière, n'est-ce pas ?

— Bien entendu.

— Et nous y survivons. Kawaguchi est en poste à Washington.

— Bravo ! J'en suis ravi.

— Encore une petite goutte avant d'aller déjeuner ?

VII. Le divin courroux de Drage

— Vous ai-je jamais parlé de l'époque où Drage, le maître d'hôtel de l'ambassade, a commencé à avoir des visions ? Non ? Eh bien, ça a été fichtrement gênant pour tous les intéressés : au bout du compte, Polk-Mowbray a presque été contraint de prendre des mesures.

» Vous vous souvenez sans doute fort bien de Drage : un drôle de Gallois, un baptiste aux traits taillés à coups de serpe, avec de longs bras recourbés, velus comme les pattes d'une veuve noire. Un type plutôt lunatique. Il avait une étrange façon de grincer des dents quand il parlait de sujets religieux – un peu d'écume finissait par apparaître aux commissures de ses lèvres. Depuis des années, c'était un garçon plutôt dévot : il jouait un rôle important dans des cérémonies comme les messes des domestiques. Il tenait aussi l'harmonium à l'église anglicane – récital qu'il fallait soigneusement éviter le dimanche. Le reste du temps, on le trouvait toujours à l'office, plongé dans une bible à deux sous, alors qu'il aurait dû être occupé à astiquer l'argenterie. Quand il lisait, il remuait les lèvres et émettait une sorte de ronronnement. À vrai dire, Drage nous faisait à tous un peu peur.

» Ce qu'il y avait de terrible chez lui, c'est qu'il portait une perruque si voyante qu'il donnait l'impression de sortir tout juste de scène après avoir fait un triomphe dans le rôle de Caliban. C'était une sorte de postiche gris blaireau qui lui laissait une étonnante ligne rose en travers du front. La doublure couleur de gencive n'allait tout simplement pas avec la peau rêche et au grain légèrement bleuté de son visage. Tout le monde savait que c'était une perruque. Personne n'osait le dire ni même y faire la moindre allusion.

» Quant aux visions, il avoua par la suite qu'il en était la proie depuis pas mal de temps : il n'en soufflait mot, car il était convaincu que, dès l'instant où nous aurions tous reconnu en lui l'oint du Seigneur, nous irions peut-être le congédier ou, à tout le moins, le rétrograder pour promouvoir à sa place Bertram, le valet de pied. Comme vous voyez, il y avait chez cet homme des éclairs de raison. Pourtant ces heures passées à potasser la Bible ne pouvaient manquer d'avoir sur lui un effet pernicieux : un soir, lors d'une réception donnée en l'honneur de l'ambassadeur des Pays-Bas, il laissa tomber son plateau et braqua un doigt tremblant sur le mur derrière la tête de Polk-Mowbray en criant avec les accents ardents des premiers patriarches du désert : « Les voici qui viennent, monsieur l'Ambassadeur, dans toute leur gloire ! Juste derrière vous, monsieur l'Ambassadeur, menés par le prophète Élie, aussi sûr que je suis debout devant vous ! » Là-dessus, il se couvrit les yeux de sa main, comme aveuglé par cette vision, et s'effondra à genoux en marmonnant des prières.

» Même si l'on éprouvait une certaine fierté d'avoir assisté à l'ascension de Drage emmené au ciel par un chariot de feu, le moment était bien mal choisi pour cette manifestation de la bienveillance divine. Le malheureux Polk-Mowbray se leva d'un bond en renversant sa chaise. Nos invités étaient abasourdis. Pour mettre le comble à la confusion, l'attaché naval, qui se mêlait un peu d'occultisme et qui voulait toujours participer à tout, prétendit partager les visions de Drage. Je crois qu'il avait bu quelques cocktails. Il tendit un doigt prophétique vers le mur et s'empressa de faire écho aux propos du maître d'hôtel. « Les voilà ! lança-t-il d'une voix caverneuse. Derrière vous ! »

— Qu'est-ce que c'est que ce cirque ? dit Polk-Mowbray, un peu nerveux, en se rasseyant, mais avec précaution.

» De son doigt tendu, Benbow traça autour de la table les contours de la Sainte Présence. « C'est si net que je pourrais les toucher », annonça-t-il. Il désignait maintenant De Mandeville qui avait changé de couleur. Il se pencha, toucha le lobe de l'oreille du troisième secrétaire, qui poussa un cri perçant.

» Comme vous pouvez l'imaginer, le dîner reprit après cela dans une ambiance quelque peu tendue.

Bertram entraîna dans les coulisses Drage maintenant dans un état de vive agitation : il lui passa sur le front des glaçons pêchés dans un seau à champagne. D'un commun accord, personne ne releva les étonnants discours de Benbow. Néanmoins, il passa le restant de la soirée de fort bonne humeur : de temps en temps, il tendait un doigt en disant sans plus de précisions : « Les voici qui reviennent. » Les malheureux Hollandais ne cessaient de regarder par-dessus leurs épaules.

» Il était naturellement impossible de tolérer des visions pendant les repas : quand Drage se fut remis, Polk-Mowbray lui dit de mettre un terme à cela ou bien de s'en aller. L'infortuné maître d'hôtel était profondément troublé. Il avait découvert apparemment qu'il n'avait jamais été baptisé et cette idée l'obsédait. « Eh bien, dit Polk-Mowbray, si vous pensez que le baptême vous guérira de vos visions, je peux facilement m'arranger pour que l'évêque Toft vous donne un coup de goupillon : il arrive la semaine prochaine. »

» Deux fois par an, l'évêque de Malte venait passer deux ou trois jours pour marier, baptiser ou excommunier les membres de l'ambassade vivant en exil parmi ces païens de Yougoslaves. C'était, vous vous en souvenez, un prélat sympathique et plutôt mondain, mais d'une désespérante distraction. Il amena avec lui une sorte d'acolyte du nom de Wagstaffe : boutonneux et toujours enchifrené, il assurait l'astiquage des encensoirs ou Dieu sait quelles autres tâches incombant aux acolytes. Il ne portait absolument aucun intérêt aux choses de ce monde. Il sortait du collège de Harrow, et cela se voyait. Bref, cette année-là, la visite de l'évêque coïncidait avec celle du général Dilke-Parrot. En fait, ils arrivèrent dans la même voiture. Ils se retrouvèrent donc tous les deux à faire assaut de bruyante cordialité dans le hall de l'ambassade tandis qu'on déchargeait leurs bagages. Le général, un grand gaillard au teint rougeaud, arborait des moustaches grandes comme des andouillers. Lui aussi venait chaque année, dans le cadre d'une mystérieuse mission qui lui permettait de passer deux jours à chasser la bécasse dans les marais à côté de la ville. Il apportait toujours avec lui son « Bundook », un calibre douze de Purdy. Cette année-là, il semblait y avoir deux étuis à fusil – notez bien ce détail – et le second appartenait à l'évêque : il contenait la magnifique crosse épiscopale qui, une fois toutes les pièces dûment assemblées, était plus grande que l'évêque lui-même. On déposa donc dans le hall ces deux étuis très similaires. C'est sur ce point que repose tout mon récit.

» Drage accueillit l'évêque Toft avec de bruyants cris de joie, et force simagrées. Il exposa son cas et l'évêque dans sa sagesse accepta de le baptiser. Il y avait pourtant un hic imprévu : Drage refusait d'être baptisé avec sa perruque ; il tenait à sentir l'eau du

Jourdain ruisseler sur son crâne. On convint donc que la cérémonie aurait lieu dans l'intimité de l'office où le maître d'hôtel pourrait révéler sa calvitie. On mit au point une manœuvre : après le baptême, Drage recoifferait ses frondaisons et l'évêque alors le précéderait, croix épiscopale à la main, jusqu'à la salle de bal où le personnel de l'ambassade l'attendrait pour recevoir ses bénédictions : il y avait cette année une demi-douzaine de bébés à baptiser.

» Drage s'agenouilla donc. Il y eut un bruit de vieille toile qu'on déchire. L'évêque se trouva en face d'un vaste dôme bien lisse. Il confia par la suite que l'extraordinaire aspect de Drage le fit pâlir : des lambeaux de colle séchée adhéraient çà et là à son crâne. L'évêque de Malte allait néanmoins procéder à la lecture de l'Évangile et oindre le maître d'hôtel quand Wagstaffe ouvrit l'étui de cuir pour constater qu'il contenait le « Bundook » du général. Il fallait absolument informer le prélat de ce regrettable incident : il ne pouvait guère faire son entrée dans la salle de bal bourrée de fidèles en brandissant un fusil comme un péquenot. Mais comment interrompre Toft au beau milieu de sa péroraison ? Wagstaffe n'avait jamais eu l'esprit de décision. Il pouvait difficilement crier : « Hé, regardez-moi ce qu'on a comme crosse épiscopale ! » Il ajusta le canon à la crosse du fusil avec la vague intention de le brandir sous les yeux de l'évêque. Il ne vérifia pas si l'arme était chargée. Il entreprit de contourner furtivement la silhouette de Drage agenouillé pour gagner un endroit d'où il pourrait attirer le regard de l'évêque.

» Mais ce fut le regard du maître d'hôtel qui le premier se posa sur le fusil. Il avait toujours été quelqu'un de méfiant : il lui sembla maintenant clair comme le jour que, profitant de ce que l'évêque le tenait sous son joug, Wagstaffe avait la consigne de se glisser derrière lui pour l'abattre. Peut-être le coup de feu serait-il le signal d'un massacre général des baptistes. Toute l'hérédité galloise de Drage remonta à la surface pour multiplier ses soupçons. Et dire que cet homme d'Église aux cheveux blancs s'en allait de par le monde massacrer les baptistes… Un cri rauque s'échappa de ses lèvres.

» L'hésitant acolyte sursauta d'un air coupable. Drage se releva précipitamment. L'autre laissa tomber le fusil sur le tapis et le coup partit aussitôt : le général s'était toujours vanté de la sensibilité de la détente.

» Pour nous tous massés dans la salle de bal au bout du couloir, le fracas assourdi qui nous parvenait de l'office parut terriblement bruyant. Il provoqua aussitôt une explosion de cris confus : là-dessus, Drage apparut soudain reculant à toutes jambes, poursuivi par l'évêque armé de son goupillon et qui prodiguait murmures et gestes d'apaisement. Wagstaffe surgit à son tour d'un pas chancelant : d'une pâleur mortelle, il vint s'évanouir au milieu des deux premiers rangs de bébés qui attendaient d'être baptisés. Ce fut sur-le-champ un épouvantable concert de hurlements affolés.

» Vous imaginez l'horreur de la scène. Drage avait disparu dans le jardin : il fallut, pour le persuader de revenir terminer son baptême, les efforts conjoints de Benbow, de De Mandeville et de moi-même. Il se sentait en outre humilié d'avoir été vu sans perruque par toute l'ambassade. Il fallut un certain temps pour remettre un peu d'ordre : d'autant plus que le général, crotté de boue, était entretemps arrivé, fou de rage, et brandissant entre le pouce et l'index la crosse épiscopale, son visage exprimant le plus profond dégoût.

» Pour finir, tout s'arrangea le mieux du monde. Deux yeux bruns et brillants avaient observé l'effondrement de Drage. Smilija, la seconde femme de chambre, trouva merveilleuse la calvitie du maître d'hôtel. Elle ne s'était jamais rendu compte à quel point il pouvait être beau avant d'avoir vu le soleil se refléter sur son crâne. Ce fut une révélation : l'amour vint s'installer là où jusqu'alors il n'y avait eu qu'indifférence… Ils sont aujourd'hui mariés. Les visions ont cessé. La perruque a été vendue comme accessoire à la troupe de l'Opéra. On la voit parfois dans le chœur de *Parsifal.* Ce qui illustre bien une autre de mes petites affirmations : que chacun trouve toujours chaussure à son pied. Un dernier verre avant de passer à table ?

VIII. Noblesse oblige

Le cas d'Aubrey de Mandeville est assez bizarre. Je me demande souvent ce que peut bien faire le pauvre diable aujourd'hui. Il n'était pas fait pour la Carrière : je m'étonne d'ailleurs que le Service du personnel ait pu considérer un instant que c'était l'homme qu'il nous fallait. En vérité, tout cela était dû à la déraison de Polk-Mowbray.

— Je ne me souviens pas de lui.

— C'était l'année avant votre arrivée.

— Polk-Mowbray était ambassadeur ?

— Oui. Il venait d'être fait commandeur de l'ordre de Saint-Michel et de Saint-George et il en était extrêmement content. Il avait invité sa nièce Angela à venir passer l'été à l'ambassade et c'était, je crois, ce qui le préoccupait au premier chef. Cette Angela était une jeune personne passablement émancipée : et, comme vous le savez, il n'y avait en ce temps-là pas grand-chose à faire en Yougoslavie communiste. Il craignait, je crois, qu'elle n'aille s'enticher d'une bande de Serbes portés sur la bouteille et qu'elle ne fasse scandale dans le pays. Son vœu le plus cher était de la voir épouser quelqu'un de la Carrière : il conçut donc un plan des plus brillants. Il allait demander au personnel de lui envoyer un diplomate qui pourrait être un bon parti et il allait jouer les marieurs. Scott-Peverel, le troisième secrétaire, était marié. Il allait le faire remplacer par l'hypothétique fiancé d'Angela. Un jeu risqué, hein ? Je le mis en garde quand je vis la lettre. Il voulait, disait-il, un troisième secrétaire : passé par Eton, environ vingt-cinq ans, bonne famille, une certaine fortune personnelle et sachant jouer de la flûte. (Il raffolait alors d'un quartette de l'ambassade qui se réunissait toutes les semaines pour grincer de l'archet dans la résidence.) Il aurait pourtant dû savoir qu'on ne peut pas toujours compter sur le service du personnel. Toutefois, en dépit de mes admonestations, il envoya la lettre et mit en branle le mécanisme qui allait faire affecter Bunty Scott-Peverel à Tokyo. C'est ainsi que nous échut De Mandeville. Sur le papier, il semblait parfaitement convenir et, quand Polk-Mowbray reçut son curriculum vitæ, il était assez enclin à chanter victoire à mes dépens. Mais je n'en pensais pas moins. J'avais des doutes, mon vieux, de graves doutes.

Ce ne fut pas son arrivée dix jours plus tard qui vint les dissiper : il était assis très droit à l'arrière d'une Rolls Phantom arborant les armes des De Mandeville sur ses portières. Il fumait un manille en lisant avec une grande attention le calendrier des courses.

Son chauffeur était occupé à décharger une cataracte de valises en peau de porc clair frappées chacune d'un monogramme doré. Mon vieux, de toute évidence, c'était un parvenu. Il émanait en outre de sa personne deux parfums mal assortis : des relents de gin et une lotion capillaire à la violette d'origine manifestement italienne. Je me présentai : il agita dans un geste plein de condescendance une main baguée. « Quel épuisant voyage », soupira-t-il. Les Yougoslaves s'étaient montrés si grossiers à la frontière que le pauvre Dennis en avait pleuré et tapé du pied : Dennis, c'était le chauffeur. « Venez, mon chou, que je vous présente au grand homme », lança-t-il. Le chauffeur s'appelait Dennis Purfitt-Purfitt. Vous imaginez ma réaction, mon vieux. Je sentis mon cœur se serrer en songeant à Polk-Mowbray, et plus encore en pensant à Angela qui, allongée dans la chambre bleue, cuvait une légère gueule de bois. « Dennis est mon pianiste en même temps que mon chauffeur », précisa De Mandeville. Il descendit de voiture, tenant à la main ce qui me parut être deux étuis à pistolets de duel : je découvris par la suite qu'il s'agissait de sa flûte en or ciselé.

» Je dois en convenir, je me trouvais un peu à court de sujets de conversation avec De Mandeville. « Si vous souhaitez avoir un peu de temps pour vous reposer et vous rafraîchir, dis-je d'une voix un peu enrouée, je passerai vous prendre à onze heures pour vous présenter à Son Excellence. Vous allez rester une nuit ou deux à la résidence en attendant que votre appartement soit prêt. – Comme vous voudrez, trésor », répondit-il, visiblement déterminé à se montrer aussi charmant qu'il en était capable.

» Je m'imaginais Angela pleurant des larmes amères dans son oreiller après sa première rencontre avec De Mandeville. Encore une de ces petites erreurs que commet le personnel avec tant de majestueuse assurance. Toutefois, je gardai mon calme et je le présentai dûment à la ronde. Son entrevue avec Polk-Mowbray dura une quinzaine de secondes. Là-dessus, mon téléphone sonna : Polk-Mowbray tenait des propos incohérents. Il avait manifestement reçu un coup mortel. « Quel abominable personnage », balbutia-t-il. Je tentai de l'apaiser. « Et surtout, reprit Polk-Mowbray, faites-lui bien comprendre qu'aucun ambassadeur ne peut tolérer que son troisième secrétaire s'adresse à lui en l'appelant "trésor". » J'expliquai cela à De Mandeville avec une certaine énergie. Il eut une moue attristée et se cura délicatement le nez. « Voilà que vous avez vexé ce pauvre petit Aubrey, me dit-il d'un ton de reproche. Mais, ajouta-t-il en prenant sur lui, le petit Aubrey ne doit pas bouder. » Vous pouvez imaginer, mon vieux, dans quel état j'étais.

» En tant que troisième secrétaire, De Mandeville avait des fonctions essentiellement mondaines : il s'occupait des rendez-vous et des visites, il plaçait les invités lors des repas officiels. J'en tremblais pour

Polk-Mowbray. Le nouveau troisième secrétaire restait assis à son bureau, prenant de temps en temps une pincée de tabac à priser dans une tabatière en or ciselé et il lisait les dépêches en s'aidant d'une grosse loupe. C'était vraiment un numéro.

» Il commença par repeindre son appartement en bleu paon : il l'éclaira avec des lanternes chinoises. Ils avaient l'habitude, son chauffeur et lui, de rester, vêtus de tuniques russes, sous une lampe à bronzer en jouant aux cartes ou en se faisant les ongles. Angela déclinait de jour en jour. Un soir où il arriva avec une heure de retard pour un dîner à l'ambassade, il expliqua qu'il était monté pour changer de bagues et qu'il n'avait tout simplement pas pu décider lesquelles porter. Une fois par mois, il se faisait faire une mise en plis : il commit l'erreur de se rendre à cet effet chez un coiffeur serbe. Vous connaissez les Serbes, mon vieux ? Pleins de bonne volonté. Toujours prêts à faire de leur mieux. De Mandeville se retrouva donc frisé comme un Papou. Un horrible spectacle. Polk-Mowbray faillit s'évanouir. Il écrivit au personnel une longue lettre extrêmement désagréable : il accusait ces fonctionnaires d'envoyer en poste à l'étranger un flot ininterrompu de travestis, de salir le nom de la Grande-Bretagne, etc.

» De Mandeville, pour sa part, semblait indifférent à la critique. Il se contentait de bouder. Tant qu'il limitait ses activités mondaines au domaine qui était le sien, il n'était pas dangereux. Mais le temps passait et il se mit à trouver un peu assommant le train-train de la vie de diplomate : il décida donc de prendre en main l'ambassade. Il commença à placer les invités de façon de plus en plus pittoresque. Il entama aussi une série d'expériences peu judicieuses concernant les menus de la résidence. Affublés de stupéfiants noms français, quelques-uns des comestibles indigènes les plus écœurants trouvèrent bientôt leur place sur les dessertes de l'ambassade. Je me souviens d'un dîner au cours duquel on servit ces répugnantes limaces de Dalmatie baptisées pour l'occasion « escargots du Japon au gratin ». L'attaché naval, à l'issue de ce repas, fut atteint d'une gastrite nerveuse prolongée. Il fallait mettre un terme aux agissements de De Mandeville ; Polk-Mowbray déployait maintenant tous ses efforts pour le faire remplacer, mais ces choses-là prennent du temps.

» Cependant, les cheveux protégés par sa résille, le troisième secrétaire évoluait dans le bassin diplomatique comme un poisson dans l'eau : il avait deux petits chats siamois qu'il promenait en laisse et fumait avec un fume-cigarettes si long qu'il accrochait toujours un objet ou un autre.

» Son dernier exploit en matière de placement des invités fut assez remarquable. Il avait à installer autour d'une table des membres du Politburo d'Europe centrale de même rang : il fit scier en deux la table de l'ambassade et découper à chaque extrémité une ouverture en demi-lune. Quand on rassembla les morceaux, un trou en plein milieu permettait à Son Excellence de s'asseoir là tandis que ses invités faisaient cercle autour de lui. Polk-Mowbray était furieux : il souffre de claustrophobie. Se trouver investi par un cercle sans faille de visages simiesques, c'était presque plus que la nature humaine ne saurait endurer.

» Une autre fois, De Mandeville habilla tous les serveurs de toges romaines avec des couronnes de lauriers : c'était pour célébrer le vingt et unième anniversaire de la fille de l'ambassadeur d'Italie. Sur le coup de minuit, il fit procéder à un lâcher de colombes blanches : il les avait dissimulées derrière un rideau. Ç'aurait été une charmante idée s'il n'était pas survenu un événement inattendu. Les colombes prirent leur envol comme prévu, sous nos regards émerveillés. Mais les lumières et les applaudissements affolèrent les malheureuses créatures : cela leur dérangea l'estomac. Elles voletèrent dans la salle d'un air consterné, nous conférant involontairement à tous le titre de chevalier de l'ordre de la fiente. Je vous laisse imaginer la scène. Il fallut une éternité pour les chasser dans le jardin par les portes-fenêtres. Les serveurs en costume romain durent circuler avec des coupes et des éponges pour faire disparaître les décorations assez peu orthodoxes que nous semblions tous arborer.

» Mais le comble du comble, ce fut quand, sans en avoir parlé à personne, il annonça que, pour divertir les membres du corps diplomatique lors d'une réception donnée en l'honneur de Sir Claude Huft, alors ministre d'État, il y aurait un bref spectacle. Le numéro se réduisait à l'apparition de De Mandeville et de son chauffeur costumés en vierges des neiges. Ils exécutèrent quelques pas d'une danse un peu étrange mais qui ne manquait pas d'allant et le tout se termina par un cancan déchaîné. Cela leur valut des applaudissements frénétiques : mais, vous l'imaginez bien, pas ceux de Polk- Mowbray. Il estima tout cet incident déplaisant et inacceptable. De Mandeville nous quitta bientôt avec valises en peau de porc, étui à flûte et chauffeur au volant de la grande Rolls. Les adieux se déroulèrent sans émotion. Il me sembla pourtant qu'il y avait une morale à tirer de tout cela : ne jamais faire confiance au Service du personnel, mon vieux.

» Quant à l'infortunée Angela, elle était dans un triste état. Polk-Mowbray l'envoya à Rome pour le concours hippique. Eh bien, figurez-vous qu'elle rencontra là-bas un garçon d'écurie qu'elle épousa : une sorte de regrettable contrecoup, voyez-vous. Nous étions tous pétrifiés de honte. Mais elle eut le bon sens de partir avec lui pour l'Australie : je crois qu'on a besoin là-bas d'un certain mimétisme. Bref, ils y sont encore aujourd'hui. Toute cette histoire, mon vieux, montre seulement qu'on n'est jamais trop prudent.

IX. L'appel de la mer

— Je n'ai jamais eu vraiment de respect pour les attachés, déclara Antrobus. J'en ai connu qui étaient au bord de l'indicible : comme cet abominable Trevor Pope-Pope. Je ne sais pas comment il est entré dans la Carrière, ni pourquoi il a jamais été envoyé en poste chez nous. Il avait l'habitude de s'enfermer dans le bureau du Chiffre pour jouer à la roulette toute la journée avec les employés. Il les tondait tous, d'ailleurs. Pas de pitié pour personne. Il vendait aussi du champagne sous douane par caisses entières à des collègues latino-américains qu'il n'aimait pas. Et, pour couronner le tout, le gaillard portait des chaussons de nuit brodés.

Mais, quant à « Butch » Benbow, il avait un des postes les plus honorables qui soient : il était attaché naval, vous vous souvenez.

— Tout à fait.

— Ce qui rend toute l'affaire inexplicable, c'est que c'était un garçon si convenable. Je n'arrive pas à décider s'il a vraiment coupé ce câble de remorque ou non. Et pourtant, je l'ai vu, de mes yeux vu. Spalding aussi. Benbow semblait pourtant parfaitement incapable d'un tel geste. Mais qui sait quels élans peuvent agiter le cœur d'un attaché naval perdu à Belgrade, séparé du bruit de la mer par des centaines de kilomètres de steppes poussiéreuses ? Imaginez aussi ce qu'on peut éprouver à être affecté dans un pays qui ne possède pratiquement pas de flotte digne de ce nom. Que lui restait-il à faire, une fois qu'il avait inventorié les deux destroyers ex-japonais réformés et les trois remorqueurs qui composaient les forces navales yougoslaves ? Je ne pense pas que les péniches halées par des chevaux sur leurs deux fleuves aux eaux sales, la Save et le Danube, aient pu avoir beaucoup d'attrait pour lui. Sans doute l'emplissaient-elles d'une nostalgie profonde et dévastatrice en le faisant rêver des coureurs d'océans. Cela pourrait sans doute expliquer la crise dont il fut victime lorsqu'il vit le corps diplomatique tout entier voguant sur la Save. J'ai du mal au fond de mon cœur à juger Benbow.

— Quand tout cela s'est-il passé ?

— L'année après que vous eûtes changé de poste. (Antrobus agita son cigare et se carra plus confortablement dans son fauteuil favori.) C'était une période un peu creuse sur le plan de la politique étrangère : comme toujours dans ces moments-là, le corps diplomatique s'occupait en cherchant quelle mission pouvait donner les réceptions les plus originales. Les Américains organisèrent fort mal à propos une baignade au clair de lune sur l'île de Spam : tous les invités s'élancèrent comme un seul homme dans un banc de méduses et il fallut faire venir par avion spécial des médicaments pour ceux qui avaient été piqués. Là-dessus, les Italiens, pour ne pas être en reste, donnèrent une fête dans un monastère en ruine entouré de cerisaies : un cadre fort pittoresque en effet. La saison, hélas ! était fort avancée et ils avaient oublié le moustique de la grande Panslavie, curiosité entomologique dont il convient de tenir compte : c'est le seul animal à ma connaissance qui soit capable de mordre sans effort à travers la double épaisseur d'un pantalon et d'un caleçon d'un seul mouvement implacable et fluide. Nous rentrâmes tous à Belgrade déformés par des boursouflures. Puis les Finlandais donnèrent un concert de musique folklorique serbe : l'orchestre arriva déjà ivre. Pour finir, c'était, estima Polk-Mowbray, notre tour de nous montrer créatifs. On nous fit passer une note demandant des idées.

» Ce fut De Mandeville, je crois, qui suggéra une fête sur l'eau. Ce n'était assurément pas une idée de Benbow. Il s'était montré fort calme durant tout l'hiver : à part avoir avoué dans les dîners qu'il avait des dons de voyance et avoir fait un peu d'astrologie, il avait mené une existence d'une retenue exemplaire.

» D'ailleurs, l'idée n'était pas mauvaise. Tout au long de l'hiver, les arbres abattus descendent la Save jusqu'au moment où ils sont bloqués par les glaces.

Avec le dégel du printemps, la rive est du fleuve dispose d'un ponton de troncs d'une douzaine de mètres de large qui borde la berge sous les saules : on peut ainsi marcher sur la rivière en évitant les zones boueuses pour aller nager en eau profonde. Les bûcherons attachent entre eux les troncs avec des gros clous à deux têtes, et ils restent là jusqu'à l'automne. On les libère alors pour les pousser dans le courant et ils flottent ensuite jusqu'aux scieries. À Belgrade, comme vous le savez, les diplomates se baignent tout l'été. Les berges boueuses sont infestées de moustiques mais, à dix mètres de là, la légère brise qui souffle sur le fleuve crée un secteur épargné. Et, vous vous en souvenez sans doute, c'est rudement agréable.

» Bref, ce fut l'endroit choisi pour une fête aux chandelles sur l'eau : les nuits d'été sont d'un calme divin. Polk-Mowbray se lança avec entrain dans les préparatifs. Il commença par s'assurer que, sur toute la partie retenue pour l'occasion, les troncs étaient vraiment bien attachés ensemble. On déploya alors dessus une immense bâche que l'on cloua sur les bois flottants. Cela forma un radeau d'environ trente mètres sur vingt : assez grand pour qu'on puisse y danser. On installa une grande tente et une série de tréteaux pour dresser un buffet. Cela promettait d'être la réception la plus originale de l'année : je ne suis pas sûr, avec le recul, que ce n'ait d'ailleurs pas été le cas. De Mandeville et son chauffeur étaient aux anges : ils organisèrent tout autour du radeau une clôture en osier tressé avec de petits portillons donnant accès à la piste de danse. Il y avait aussi un vestiaire pour ceux qui décideraient de se baigner. Dans l'ensemble, une véritable réussite.

» Le corps diplomatique ravi grimpa l'appontement peint de couleurs vives qui menait au radeau, avec son buffet joyeusement illuminé et sa tente en toile à rayures. Chacun s'était mis sur son trente et un et Polk-Mowbray lui-même arborait ce qu'il appelait sa grande tenue : boutons de manchettes offerts par le roi Paul de Grèce, boutons de plastron cadeau de la reine Marie de Roumanie, étui à cigarettes donné par De Gaulle et coupe-cigares par Churchill. Partout des chandeliers éclairaient la nuit. Le brouhaha des diplomates échangeant leurs vues sur le monde était couvert par les doux accents du quartette à cordes gitan de Bozo jouant de sirupeuses mélodies serbes pleines de glissandos, de vibratos et de longs arpèges dégoulinants. Une scène de rêve. La presse était représentée par le malheureux Tope (correspondant particulier de l'agence Reuter) qu'un excellent Bollinger ne tarda pas à transporter au nirvna.

» Vous allez vous demander comment les choses ont pu mal tourner et je serais bien en peine de vous répondre. Tout ce que je sais, c'est que du coin de l'œil je crois avoir aperçu une silhouette – était-ce Benbow ? – qui rôdait parmi les saules sur la berge : il avait à la main ce qui me parut être une hachette. Je ne saurais vous en dire plus.

» Mais il est un point sur lequel je peux être catégorique : alors que tout le monde dansait la rumba et qu'on se pressait au buffet, on put remarquer que la distance entre le radeau et la rive avait sensiblement augmenté. L'appontement s'enfonça dans la vase. Ce n'était pas une grande distance : peut-être trois mètres. Mais étant donné la résistance qu'offrait au courant un radeau d'aussi vastes proportions, la traction s'exerçait résolument vers le large. Personne ne s'alarmait encore : certains membres du corps diplomatique crurent même que c'était là une distraction prévue dans le cadre de la fête. Sans doute la plupart des passagers du *Titanic*, avant la rencontre avec l'iceberg, éprouvaient-ils le même rassurant sentiment de bien-être.

» Polk-Mowbray, il est vrai, était préoccupé, même s'il n'en montra rien. « Est-ce que quelques-uns de vous autres secrétaires ne pourriez pas descendre du radeau pour nous repousser vers la berge ? » demanda-t-il. Mais nous étions déjà en eau trop profonde. Pendant une longue minute, le radeau libéré de ses amarres resta immobile comme une daphnie sur la surface lisse de la rivière. Puis, lentement, il se mit à descendre au fil de l'eau dans l'air calme de la nuit : la flamme des bougies vacillait doucement ; l'orchestre jouait ; les diplomates dansaient, fumaient, potinaient, l'esprit tranquille. On pouvait espérer à ce stade qu'au prochain méandre de la rivière, toute l'embarcation allait toucher la berge et quelques-uns d'entre nous s'apprêtaient déjà à agripper les assemblages de troncs ou les branches tombantes des saules afin d'arrêter notre progression. Par malchance, un remous nous entraîna juste un peu trop loin au milieu du fleuve : nous doublâmes le petit promontoire, tout en déployant de vains efforts pour nous accrocher aux extrémités des buissons.

» Notre situation méritait maintenant quelques sérieuses réflexions. Il n'y avait littéralement aucun arrêt avant d'atteindre Belgrade : or, en ce point de son cours – et à cette idée la sueur perlait sur mon front –, la Save se jette dans le Danube en provoquant une sorte de maelström, un tourbillon permanent. La Save est un cours d'eau relativement indolent, mais le Danube déferle depuis la Roumanie à une vitesse d'environ quatorze nœuds : impossible de nager ni de passer à gué. Le confluent se situe juste au pied de la forteresse de Belgrade, un site fort pittoresque pour ceux qui ont la bonne fortune d'être sur la terre ferme…

» C'était cinq minutes environ avant que le corps diplomatique ne commence à entrevoir toute la gravité de notre situation : nous voguions majestueusement en plein milieu du chenal, illuminés comme un arbre de Noël. Protestations, suggestions et contre-propositions jaillissaient des lèvres des diplomates et de leurs épouses dans une douzaine de langues.

» Cependant, à notre insu, d'autres éléments entraient en jeu, qui allaient rendre pour nous tous cette soirée mémorable. La Yougoslavie, comme vous le savez, était entourée à cette époque d'États communistes extrêmement irrités contre elle. Ils maintenaient le pays dans une perpétuelle atmosphère d'alarme en procédant sur ses frontières à de constants mouvements de troupes ou en lançant des ouvrages accusateurs et parfois pornographiques sur les eaux des rivières qui traversaient le pays : sans doute dans un effort pour saper le moral des femmes serbes, si tant est que la chose soit possible. Quoi qu'il en soit, l'espionnite était à son comble et les forces yougoslaves vivaient dans un état d'alerte permanent. Des rumeurs évoquaient fréquemment des incursions armées en provenance de Hongrie et de Tchécoslovaquie...

» Ce fut dans ces conditions qu'un malheureux fantassin serbe en faction à un poste d'observation sur la rivière aperçut ce qu'il prit pour un grand bâtiment de guerre bourré de parachutistes tchèques en smoking et robe du soir fonçant sur la capitale, Belgrade. Il ne prit pas le temps d'avoir confirmation de cette première impression. L'œil glauque, il partit au galop pour la forteresse : un quart d'heure plus tard, il y arrivait sur un mulet couvert d'écume pour annoncer que la ville était sur le point d'être investie. On sonna le tocsin cependant que, sans nous douter le moins du monde de tout cela, nous descendions doucement au fil de l'eau vers notre terrible destin.

» Par bonheur, il n'y avait qu'un canon dans le fort de Belgrade. Il avait pour servant le camarade Popovic, assisté d'une équipe improvisée de Shiptars albanais en bonnet de laine blanche et culotte en peau de bique : redoutable d'aspect en raison de sa grosse moustache et de son physique informe, le Shiptar est une créature tout à fait paisible. Il est à peu près aussi agressif qu'un labrador avec la forte personnalité d'un poisson rouge. Il fallait d'ordinaire environ une semaine à cette escouade pour charger le canon, une relique abandonnée à leur départ par les Wisigoths ou les Ostrogoths, je ne sais plus très bien. Ce n'était d'ailleurs pas, à proprement parler, une arme offensive mais plutôt un engin ayant vocation de tirer des salves d'honneur. Tous les soirs, à l'époque du ramadan, il émettait au coucher du soleil un grondement rauque, tandis que s'envolait dans les cieux un vieux caleçon bleu qui, depuis des temps immémoriaux, faisait office de bourre pour les tirs à blanc.

» Mais, quand la nouvelle de l'invasion parvint au camarade Popovic, il comprit soudain que la défense de la ville reposait entièrement sur lui. Il ferma les yeux un bref instant et se vit conférer en rafale l'ordre de la Save, l'ordre de Saint-Michel, l'ordre de la Miséricorde et de l'Abondance avec meules de foin croisées et la Médaille d'honneur titotalitarienne avec palmes. Il donna l'ordre à ses troupes de bricoler une charge mortelle capable de disperser les envahisseurs quand ils débaucheraient au détour de la rivière. Elle serait composée d'un assortiment hétérogène de capsules de bière, de vieux boutons de culotte, de boîtes de cigarettes et de fragments de matériel ferroviaire mis au rebut. Au prix d'efforts quasi surhumains, on fit pivoter le vieux canon et on le pointa vers le secteur où devait apparaître la cible.

» Cependant, tout n'allait pas pour le mieux à bord du radeau. Des signes de désintégration imminente avaient commencé à se manifester. Une section de l'élégant travail de vannerie de De Mandeville avait disparu. Le buffet tout entier s'était étonnamment détaché de la partie principale pour entamer une croisière séparée sur un étroit affluent de la rivière. Je me souviens encore de l'expression figée des serveurs promenant autour d'eux des regards désespérés, comme des pingouins sur une banquise. L'orchestre de Bozo poursuivait un triste simulacre d'animation sonore, mais les musiciens devaient sans cesse changer de place : l'eau léchait les bords de la bâche et venait leur baigner les chevilles. Nombre de bougies s'étaient éteintes. Un désespoir glacé commençait à se peindre sur les visages des diplomates à mesure qu'ils prenaient pleinement conscience de l'urgence de la situation. Ils croyaient déjà entendre le fatal rugissement des eaux du Danube venant se mêler avec fracas au cours lent et paisible de la Save. Les plus volubiles des dames laissaient échapper des exclamations d'inquiétude. Ne pouvait-on donc rien faire ? N'était-il pas possible de lancer des signaux ? Peut-être que si on allumait un feu… ? Mais, on le savait bien, c'étaient là des avis dictés par le désespoir. Je crois que nous sentions bien au fond de nous-mêmes qu'il nous faudrait nous sauver à la nage. L'ambassadeur d'Italie, qui n'avait pas nagé depuis un quart de siècle, esquissa quelques brasses en levant les bras en l'air dans de vains efforts pour se rappeler les mouvements. Le seul à avoir de la chance, c'était Tope : il s'était assoupi sous le bar et le courant de l'affluent l'entraînait sans heurt vers les scieries. Sans doute là-bas serait-il découpé par des Serbes distraits et transformé en pâte à papier : une fin fort appropriée pour un journaliste.

» Nous avions alors atteint la boucle fatale du fleuve, que dominaient les bastions de la forteresse où le pithécanthrope Popovic attendait, les yeux fixés sur la rivière, une allumette de sûreté entre les doigts. Le canon était bourré jusqu'à la gueule. Le vaillant artilleur savait qu'il ne pouvait pas se permettre de nous manquer : il faudrait en effet au moins une semaine de fouilles dans les poubelles de Belgrade pour rassembler les constituants d'une nouvelle charge mortelle. C'était maintenant ou jamais. Il poussa un soupir d'extase en nous voyant apparaître au détour de la boucle, entraînés par un courant lent et sans merci, juste dans sa ligne de tir. Il approcha l'allumette de l'orifice de mise à feu.

» Il y eut un grondement rauque et le ciel nocturne fut déchiré par un éclair d'un jaune vif : en même temps, les eaux calmes sur lesquelles voguait notre embarcation furent soudain labourées et criblées d'une grêle de ce qui nous parut être de la grenaille d'assez gros calibre. Ce fut aussitôt l'affolement général. « Mon Dieu, s'écria le ministre argentin, toujours plus couard que les autres, on nous tire dessus ! » Il alla se réfugier derrière la silhouette massive et hanovrienne de Frau Hess, l'épouse du premier secrétaire de l'ambassade d'Allemagne. « Jetez-vous à plat ventre ! » clama le ministre suisse, joignant le geste à la parole. L'ambassadeur d'Italie refusa avec une certaine hauteur d'obéir à cette injonction. « Porca Madonna, s'écria-t-il, une main sur son cœur, je mourrai debout ! »

» Il n'y eut pas véritablement de blessés : le bombardement toutefois avait emporté la plupart des instruments de l'orchestre, la moitié de la tente et ce qui restait des ouvrages de vannerie de De Mandeville. Un éclat avait aussi percé un trou dans une glacière emplie de jus de tomate qui se répandit sur nous tous, si bien que nous étions nombreux à avoir l'air déchiquetés par la mitraille. Nous ne savions pas non plus qu'il faudrait au camarade Popovic une semaine pour répéter son exploit. Nous nous attendions donc à rencontrer une douzaine d'autres pièces prêtes à ouvrir le feu sur nous quand nous approcherions de la ville. Certaines des dames éclatèrent en sanglots. D'autres entreprirent d'étancher les plaies dont le jus de tomate semblait avoir couvert leurs compagnons. Le ministre d'Argentine, remarquant tout à coup une tache rouge qui s'étalait sur le devant de sa veste blanche de smoking, s'écria : « Caramba ! Ils m'ont eu ! » et s'écroula, évanoui, aux pieds de Frau Hess.

» Le radeau ressemblait maintenant à une scène de bataille de la période victorienne peinte par un maître de l'anecdote. Parmi les passagers, les uns gisaient à plat ventre, les autres étaient tapis derrière des fauteuils, d'autres encore, restés debout, gesticulaient, mais tous poussaient des gémissements à fendre l'âme. Ce fut à cet instant que Polk-Mowbray se tourna furieux vers le pauvre De Mandeville en sifflant : « Mais faites donc quelque chose, bon sang ! Pourquoi ne criez-vous pas au secours ? » S'efforçant docilement de dominer le vacarme, De Mandeville se mit à lancer de sa voix de fausset de pitoyables : « Au secours ! Au secours ! » qui montèrent dans les secrets de la nuit.

» Aucun autre canon ne tonna du fort sur notre passage, mais le lit de la rivière maintenant était devenu plus étroit et ses eaux plus tumultueuses. Le radeau se mit à tournoyer en amorçant une succession de rotations à vous donner le mal de mer tandis qu'il approchait du redoutable confluent. Nous apercevions devant nous les faisceaux éblouissants des projecteurs et l'agitation d'un trafic fluvial intense. Mon Dieu, quelles nouvelles épreuves nous attendaient donc au bord du tourbillon ? Peut-être des bataillons de Serbes moustachus s'apprêtaient-ils à nous saluer d'un feu nourri d'armes légères ? Une fusée vert et rouge s'éleva plus loin dans les ténèbres, accroissant encore notre inquiétude.

» Les seuls à nous avoir été de quelque assistance dans notre malheur (même si nous l'ignorions encore), c'étaient les chauffeurs du corps diplomatique. Ils étaient pour la plupart serbes et constituaient pratiquement un corps à eux seuls : le front bombé, la mèche pendant sur le front, les dents en avant, la crinière ébouriffée se dressant sur leur tête… Eux seuls avaient observé avec inquiétude notre départ : poussant des hululements perçants et des cris inarticulés, ils pataugeaient dans la vase en regardant le radeau entraîné vers sa perte. Ils se souvenaient en outre de ce qui se passait au confluent des deux cours d'eau. À peine donc avions-nous disparu à leurs yeux que les chauffeurs partirent pour la ville en un long cortège étincelant de limousines officielles.

» Ils eurent aussi la sagesse de descendre sur le quai pour alerter la police fluviale et s'assurer le concours de tous les occupants du quai à charbon dont les chaloupes pourraient servir à faire échouer le radeau avant qu'il atteigne les chutes du Niagara. Deux vedettes de la police, équipées de projecteurs, ainsi qu'une flottille de petites embarcations pilotées par des hommes au maillot taché de sueur, se lancèrent donc sur les eaux de la Save pour nous barrer la route. C'était l'explication des lumières et des fusées jaillissant sur la rivière et qui nous inspiraient de telles alarmes.

» Ils n'avaient cependant pas tenu compte des dimensions du radeau : même avec tous les morceaux qui s'étaient en quelque sorte écaillés, notre embarcation avait encore les proportions d'une salle de bal et le poids correspondant. À quelque quatre cents mètres en amont du confluent, les canots et les vedettes entrèrent violemment en collision avec nous. Nous étions alors désemparés et ébranlés au point d'en avoir presque perdu la tête. La plupart d'entre nous crurent que nous avions été attaqués par des pirates : cette impression se trouva renforcée quand un énorme Serbe souleva d'une main Frau Hess pour la déposer dans son canot. Les secrétaires des légations sud-américaines qui avaient déjà été témoins de ce genre d'incident se mirent à crier « Au viol ! » Cependant, à demi aveuglés par les projecteurs et constamment jetés à terre par le choc des embarcations heurtant le radeau, les membres de l'ambassade de Suède, dans un de ces brusques accès de folie dont sont parfois victimes les Nordiques, décidèrent de se faire tuer jusqu'au dernier plutôt que de laisser nos sauveteurs monter à bord. Les Serbes, pleins de bonne volonté et d'intentions secourables, se trouvèrent soudain aux prises avec d'agiles jeunes gens en smoking qui leur plantaient les dents dans le cou et roulaient avec eux par-dessus bord. Il s'ensuivit une scandaleuse bagarre. En outre, malgré les puissantes machines des vedettes fluviales, le radeau était irrésistiblement entraîné vers les rapides : il emportait avec lui non seulement la fine fleur de la diplomatie européenne, mais aussi tout un assortiment de canots dont les propriétaires poussaient des glapissements en ramant dans toutes les directions sauf la bonne.

» C'en était fini de nous tous, mon vieux. Cela ne se passa pas à proprement parler en un éclair : ce fut plutôt une succession de mouvements évoquant les bonds désordonnés d'un cheval sauvage. Ceux d'entre nous à avoir lu *Typhon* de Conrad avaient le sentiment d'avoir déjà vécu cela.

» Le Danube lacéra la bâche, libéra les attaches des troncs d'arbre et les projeta tous en l'air. Par chance, il y en avait assez pour tout le monde. Je ne saurais dire que le corps diplomatique apparaissait sous son meilleur jour à califourchon sur des billes de bois, avec l'eau qui écumait alentour : c'était en tout cas un spectacle comme on n'en voit pas tous les jours. Le ministre d'Argentine fut entraîné hurlant dans la nuit : on ne le recueillit que le lendemain matin quinze kilomètres en aval. D'ailleurs, les rives du Danube jusqu'à la ville de Smog étaient jonchées des ossements blanchis de Suédois et de Finlandais, de Japonais et de Grecs. De Mandeville reçut un coup sur la tête qui lui fit perdre connaissance. Polk-Mowbray se brisa la clavicule. Draper perdit une perruque qui lui avait coûté une centaine de livres : cela le contraignit à porter un béret pendant près de deux mois.

» Vingt-quatre heures durant, nous fûmes dans l'impossibilité de faire l'appel : quand nous y parvînmes, il apparut que rien moins qu'un miracle avait fait que nous n'avions pas un seul accident grave à déplorer. Ce sont ces choses-là qui vous incitent presque à trouver refuge dans la religion.

» Quant à Benbow, le lendemain matin, il partait pour un long congé : on ne devait pas le revoir avant six mois. C'était une façon pleine de tact de battre en retraite. Polk-Mowbray en personne tira la morale de cette mésaventure et en embellit quelque peu le récit en faisant observer à la chancellerie que « l'essentiel dans la diplomatie, c'est de ne jamais trop présumer de ses forces ». Je crois bien qu'il avait mis là le doigt sur quelque chose, même si ce n'était qu'après coup qu'il faisait montre de sagesse.

Un peu de tenue Messieurs !

À
Richard Aldington,
qui a encouragé ces folies

L. D.

Préface

De 1949 à 1952, Lawrence Durrell occupa le poste d'attaché de presse auprès de l'ambassade de Grande-Bretagne à Belgrade. La Yougoslavie était alors un pays exsangue, entièrement coupé de l'Europe occidentale puisqu'on se trouvait en pleine guerre froide, et ces années slaves auraient pu inspirer à l'auteur des récits vengeurs, cauchemardesques ou pour le moins acrimonieux. C'est d'ailleurs sur ce ton – toujours teinté d'humour – que Durrell m'en parla par la suite quand, des années plus tard, j'allais le visiter à Sommières et que nous évoquions ensemble, autour d'une dame-jeanne de rosé du Gard, ses années balkaniques et méditerranéennes. Il gardait de son séjour à Belgrade le souvenir d'un exil forcé et d'un cauchemar quasi quotidien, tout juste atténué par quelques promenades dans le sud du pays. « Vous n'imaginez pas, me dit-il un jour, la quantité incroyable de *slivovitza* qu'il me fallut ingurgiter pour affronter le gel de l'hiver et des relations diplomatiques ! Si mon foie pouvait parler, il vous en ferait un récit à vous tirer les larmes des yeux ! » Je croyais son foie sur parole, si je puis dire, et frissonnais rétrospectivement aux épreuves qu'un diplomate consciencieux doit endurer pour être à la hauteur de sa tâche. Dans ces pays du bloc communiste, comme on disait alors, le patriotisme et la défense de l'Occident n'exigeaient pas seulement des nerfs d'acier mais un foie à toute épreuve.

Quoi qu'il en soit, Durrell finit par démissionner de son poste en 1952 pour reprendre sa liberté et s'installer à Chypre avant de venir en Provence. Et c'est quelques années plus tard, entre 1957 et 1962, qu'il publiera à Londres trois recueils de nouvelles inspirés par ses expériences diplomatiques yougoslaves. *Un peu de tenue Messieurs !*, intitulé en anglais *Stiff upper lip*, est le deuxième[1].

Petite ou grande, l'histoire ou plutôt l'Histoire n'a ici que peu d'importance car ce ne sont ni les événements relatés ni les quelques allusions à la situation politique qui font la saveur de ces textes. Les autorités yougoslaves interdisant alors tout rapport avec les étrangers, y compris les diplomates, ces derniers vivaient en vase clos, d'une chancellerie occidentale à l'autre, confinés dans leurs ambassades respectives comme en un ghetto. Durrell en l'occurrence passait donc de longues heures dans son bureau à rêver, à tenir son journal ou à se rendre – fonction oblige – à

1. Ceci est pour la petite histoire. L'ensemble a reparu à Londres sous le titre *Antrobus Complete*, Faber, 1985.

des réceptions et dîners d'un ennui mathusalémique. Il faut croire cependant qu'il ne perdit rien de ce qui arrivait chaque jour sous ses yeux et qu'il enregistra d'un cœur guilleret les scènes relatées dans ce livre qui rompaient, il faut bien le dire, la monotonie des travaux et des jours. Comme l'auteur l'avouera lui-même dans l'une des nouvelles du recueil « Quand on crie au loup », que trouver de mieux à observer, quand on est auteur et romancier, qu'une microsociété livrée à elle-même, recluse dans la prison dorée d'une ambassade, elle-même isolée en plein cœur du pays ennemi ?

De ce pays, la Yougoslavie d'après-guerre, l'auteur parle donc peu ici mais, dans des lettres écrites à cette époque à ses amis grecs et anglais, il ne mâche pas ses impressions : c'est un pays « plat, enfermé dans les terres, peuplé de porcs qu'on ne peut distinguer des Serbes et réciproquement ; pas d'olives mais des oies stupides et amorphes ; de la poussière en été, du brouillard en hiver ». Le ciel lui-même, qui pourrait théoriquement évoquer à ses yeux l'infini, est au contraire « fermé comme une coquille d'œuf ». Bref, un pays qu'il ressent comme une Tartarie sinistre et désolée.

Les personnages de ces dix nouvelles ne sont pas pour autant des Tartares mais des diplomates et surtout des diplomates anglais. Diplomates sans aucun doute authentiques (même si, bien sûr, les noms sont transformés) et qui donnent souvent l'impression de sortir tout droit d'un film de non-sens. Je suis persuadé que Durrell n'a ni exagéré ni inventé ces personnages – et encore moins ces situations – mais qu'il a simplement forcé leurs traits, comme l'on dit d'un peintre expressionniste. Ses rancœurs, pour ne pas dire ses rancunes, à l'égard de ce monde, où il ne voit chez la plupart de ses collègues que lourdeur, fatuité et incompétence, engendrent sous sa plume une joie féroce et une humeur quasi sadique. C'est que les gaffes, malentendus, vexations, manœuvres sournoises, voire malversations intentionnelles, sont monnaie courante. À la décharge de ces fonctionnaires, projetés en pays inconnu et hostile, il faut dire que beaucoup avaient le sentiment d'être là non par estime mais par relégation et que cette vie en huis clos perpétuel autorisait les névroses latentes ou explosives et ce climat lourd, menaçant, parfois même apocalyptique, qui font évidemment les délices de l'auteur.

Finalement, la certitude qu'on tire de ces pages est que la vie de diplomate n'est pas une vie de tout repos. C'est un théâtre gogolien dans le meilleur cas, courtelinesque dans le pire que nous présente ici Durrell avec ses personnages extrêmes ou désaxés, ses silhouettes grotesques ou éplorées, ses fantômes errants dans des couloirs spectraux et même ses agents diaboliques, comme dans le cas du romancier sadique de « Quand on crie au loup ».

Dans toutes les œuvres de Durrell, même les plus sérieuses en apparence, court toujours, sous-jacent, discret, parfois secret, un humour parallèle et attentif au monde et qui est la façon durrellienne de dire des choses graves. Avec légèreté. Avec distance. Durrell m'avait cité un jour la phrase d'un écrivain anglais d'Alexandrie, E. M. Forster, qu'il admirait particulièrement et qui, lui parlant du poète grec Cavafy, l'avait défini comme un être occupant « une position légèrement oblique par rapport au reste de l'univers ». Durrell raffolait de cette phrase dont je trouve – mais n'est-ce que pure coïncidence ? – qu'elle le définit lui-même à merveille. Car demeurer oblique par rapport au reste du monde, c'est ne pas être dupe de ce monde et aussi être en état d'ivresse cosmique !

En tout cas, l'humour durrellien ne se contente pas ici d'effleurer le sujet ni les sujets, il explose. Rarement, un romancier, poète et nouvelliste aura aussi joyeusement déconstruit l'édifice du monde diplomatique et démonté le corps de la diplomatie. Qu'en conclure ? Médecin légiste du corps diplomatique, Lawrence Durrell ? Non pas. Ses récits – ou comptes rendus opératoires – concernent plutôt cette partie de nous-même que les dictionnaires définissent comme « organe lymphoïde situé dans l'hypocondre gauche » et dont les fonctions hématopoïétiques, hémolytiques et surtout hilarantes sont bien connues, j'ai nommé la rate. Or, quand une rate est obstruée, le médecin doit la désobstruer, autrement dit la désopiler. Le terme est médical et trouve ici parfaitement sa place. Ce livre est au sens propre désopilant, il est le parfait, le plus sûr antidote aux pluviosités, ventosités, mucosités et morosités des longs hivers, diplomatiques ou non.

Jacques LACARRIÈRE

I. Un diplomate n'a pas de nerfs

— Pour ce qui est du *beau sexe*, dit Antrobus, mon vieux, je n'ai guère d'expérience. J'ai toujours évité les écueils. Oh ! attention, j'ai admiré le spectacle à la jumelle comme on pourrait admirer chez un cerf une belle paire de bois. Un soir aux Folies-Bergère, j'ai failli me faire prendre au piège. Heureusement, Sidney Trampelvis était là : il m'a entraîné dans l'air frais de la nuit. Il m'a éventé avec sa cape jusqu'à ce que j'aie les idées plus claires et que je prenne conscience de l'énormité de mon geste. Sans m'en rendre compte, j'avais fait des avances à une délicieuse petite paire de bois du nom de Fifi et je me proposais de la ramener à l'ambassade pour obliger l'aumônier à nous unir. Vous vous rendez compte ! C'est dire que j'ai une dette envers Sidney. Nous avons littéralement quitté le théâtre au galop dans une voiture à cheval, avec nos hauts-de-forme aplatis comme un soufflé raté. Sidney n'était que de passage : lui aussi avait franchi le seuil subliminal et fait des propositions – Seigneur ! – à une contorsionniste. Sidney était encore plus pâle que moi. Ce soir-là, il se teignit les cheveux en vert pour éviter d'être identifié et s'embarqua à Douvres sur le ferry de nuit, dans un état de nerfs difficile à imaginer.

» Mais Dovebasket amoureux, c'était un étrange spectacle. Ses soupirs résonnaient dans toute la chancellerie. Au dos des dépêches du War Office, on pouvait lire des sonnets, des triolets, toutes sortes de choses hors de propos. La jeune et blanche colombe l'avait certainement touché au cœur. Eh oui, c'était Angela, la nièce de Polk-Mowbray. Je n'arrive pas à comprendre pourquoi Polk-Mowbray ne s'est pas débarrassé de l'un et de l'autre ou des deux à la fois. Il est vrai qu'on estimait alors qu'il manquait un peu de fermeté. À juste titre : ce qu'il y avait de plus ferme chez lui, c'étaient peut-être ses cols durs. Quant à Dovebasket, je l'aurais décrit comme un mollasson victime d'un coup de sang. Un sentimental, mon cher, rien qu'un sentimental. L'amour ne fait pas de distinction. Il y a eu ensuite un petit recueil de ses poèmes intitulés *Chansons d'amour d'un attaché militaire adjoint* avec une préface de Havelock Ellis. Un drôle de livre en vérité. Je me souviens d'un refrain :

La lune luit là-haut comme un crachoir
Couchés là, Angela, qu'attendons-nous donc ?

» Vous comprenez, ce genre de littérature qui peut mener tout droit au nudisme. Tout cela montrait à l'évidence qu'il avait une sexualité débordante : j'étais convaincu pour ma part qu'il finirait à Botany Bay, au bureau central du conservateur ou Dieu sait où. Vous comprenez, Angela ne réagissait pas le moins du monde à l'éperon. Ce pauvre diable avait beau lui faire une cour assidue, elle le regardait toujours de haut. Manifestement il l'intéressait autant qu'un vermifuge. Je dois ajouter que nous avions tous été inquiets pour Angela, car elle avait donné des signes d'engouement (les siens étaient légendaires) pour l'attaché militaire russe – Serge Tweed, quelque chose comme ça –, un pochard de surcroît. Bien sûr, le plus grave dans tout cela, c'était qu'à cette époque nous ne fraternisions pas officiellement avec l'autre bloc. Polk-Mowbray s'inquiétait de la sécurité de sa nièce. Il avait été très alarmé par une banale conversation qu'elle avait eue avec un Polonais : elle avait révélé – sans réfléchir un instant – tout le schéma des régates de Henley, dans les moindres détails, mon vieux. Elle était allée jusqu'à dessiner un plan de la salle des rafraîchissements. Je sais bien que Henley, ça n'est pas *top secret*, mais ç'aurait tout aussi bien pu être l'ordre de bataille de la Home Fleet. Pareille légèreté augurait mal du sort de la mission. On ne savait tout simplement pas jusqu'où elle pourrait aller de cette façon... Nous étions préoccupés, je peux le dire, très préoccupés.

» Bref, il se trouva que, durant cette cour sans résultat que faisait Dovebasket, les Bulgares nous invitèrent tous à une grande fête pour l'industrie vinicole. Vous savez, ils avaient toujours eu une industrie vinicole, mais jamais auparavant établie sur des bases convenables. Alors, très sagement, ils avaient importé un trio d'experts français et les avaient lâchés parmi les cuves. En deux ans, tout cela avait été réorganisé, on avait replanté de nouveaux cépages et la Bulgarie était sur le point de lancer une vingtaine de crus nouveaux sur le marché de l'exportation. Les renseignements confidentiels du vieux baron Hisse la Juppe, l'attaché militaire (qui avait pratiquement vécu là-bas alors que les expériences étaient en cours), donnaient à penser que le résultat était extrêmement prometteur. La Bulgarie, disait-il (de façon quelque peu hasardeuse), était sur le point d'exporter des vins qui vaudraient tout ce que pouvaient produire les Français et les Italiens... Bien sûr, nous étions incrédules, mais heureux d'assister au lancement des nouveaux crus. Le corps diplomatique tout entier accepta avec entrain l'invitation au vin d'honneur.

» Le jour se leva, éclatant et superbe, et ce fut un joyeux groupe de diplomates insouciants qui s'embarqua dans le train du Nord à destination des vignobles. Toute la vieillesse dorée de la diplomatie, mon vieux. D'une élégance éblouissante. Pour une fois, l'affaire était admirablement organisée : on nous emmena dans des voitures festonnées de feuilles de vigne jusqu'aux grandes caves du lieu ; on se serait plutôt cru dans un tunnel de chemin de fer où la chaude lumière des bougies étincelait sur des verres de cristal et des nappes immaculées. La musique des ménestrels résonnait parmi les parterres de fleurs... J'étais, je dois le dire, transporté par la beauté du spectacle. Il y avait des rangées de bouteilles étiquetées, sommeillant doucement sur les tables à tréteaux, avec la flamme des bougies brillant sur leurs nouvelles appellations. Nos hôtes prononcèrent des discours. Nous applaudîmes. Puis les bouchons se mirent à sauter et la dégustation commença. Un des spécialistes français nous guidait. Il essayait de nous faire prendre l'affaire un peu trop professionnellement : rouler le vin dans la bouche, lever le menton vers le plafond et puis cracher dans une sorte d'évier en pierre. Comme vous le savez, au Foreign Office, on est entraîné à faire des tas de choses. Mais pas à recracher du bon vin. Absolument pas. Nous ne voulions tout bonnement pas nous abaisser à ce rinçage parcimonieux avant de cracher. Nous avalions. Je crois qu'à notre place vous en auriez fait autant. Ce qu'on nous donnait à goûter, nous le goûtions. Mais nous ne gâchions pas la marchandise.

» Et quelle marchandise, mon cher. Tout ce que Hisse la Juppe avait dit se révélait vrai. Quels vins ! Des vins à faire naître des fossettes sur les joues de l'âme. Certains étaient de petits vins coquets, la jupe relevée jusqu'au-dessus du genou en quelque sorte. D'autres montraient juste un coude ou une cheville. D'autres évoquaient la vision fugitive d'une cuisse de nymphe dans les fougères. Des vins en zibeline ! Des vins en vison ! Belle réussite pour les Français ! Certains des rouges éveillaient toutes les notes graves de l'orgue des passions – du moins dans les âmes cultivées comme les nôtres. C'était formidable. Nous nous épanouissions. Nous rayonnions. La vie tout d'un coup semblait absolument merveilleuse. Nous déversions nos félicitations sur nos hôtes à mesure que nous évoluions le long des vastes chais, goûtant et jugeant. Quels vins ! Je suis en général incapable de décider quoi que ce soit tout seul mais, après bien des essais, je tombai sur un rouge avec un nez excellent. Vous comprenez, nous devions chacun en choisir un puisqu'une caisse devait en être offerte à chaque membre du corps diplomatique. Une forme de publicité en quelque sorte. Comme nous avancions, le spécialiste français nous enchantait en lisant sur sa fiche les descriptions des vins que nous dégustions. Quelle poésie ! Ils ont beau me rendre méfiant à bien des égards, il faut rendre cette justice aux Français. Il y avait un cru, par exemple, ressemblant à un vin du Rhin, qui était décrit comme « *au fruité parfait, mais présentant encore une légère pointe de verdeur nullement désagréable*[1] ». Un autre était décrit comme « *séveux et bien charpenté*[2] ». Il y avait aussi une sorte de meursault bulgare qui était « *parfait de noblesse et*

1. En français dans le texte.
2. *Idem.*

de finesse, une petite splendeur[1] ». Je dois dire, mon vieux, qu'un moment nous succombâmes presque à la culture. Ce vin était rudement bon, voilà tout. Bientôt, nous étions tous gais comme des pinsons : je souris même par erreur au chargé d'affaires bulgare. Tout en fait se serait passé comme dans un rêve si Dovebasket n'avait pas fini par se mettre en colère et par s'asseoir délibérément sur le climatiseur.

Il semble qu'au milieu de toute cette aimable ambiance, le jeune misérable s'était glissé jusqu'à Angela pour lui murmurer à l'oreille un mot doux. Ce fut aussitôt l'enchaînement fatal. Elle tourna les talons et, relevant son petit menton bien haut, se dirigea vers l'autre coin de la cave où cette crapule de Serge Tweed sirotait le moins intéressant des vins avec force claquements des lèvres. Dovebasket réagit comme si un coup de fouet l'avait frappé. Un cri de fureur lui échappa en découvrant qu'elle lui préférait cet étranger qui portait le nom d'un mauvais tissu britannique d'exportation. Il frappa du poing sur la table la plus proche et s'écria : « Si je ne peux pas l'avoir, personne ne l'aura ! » Il se dirigea vers l'entrée de la cave et s'assit. Il tira de sa poche un exemplaire d'une de ces anthologies à couverture sans attrait et, renfrogné, se mit à lire. Il faisait la tête, mon vieux, voilà tout.

1. *Idem.*

» Ma foi, nous soupirâmes et continuâmes à biberonner, sans nous rendre compte que le gaillard était assis sur notre ligne de sauvetage. J'ai déjà dit qu'il était doué pour la mécanique. Sans doute avait-il remarqué que l'aération du tunnel se faisait par une sorte de pignon avec une soupape de côté ménagée dans une sorte de joint avec une arrivée commandée à distance : comment diable fait-on ces choses-là ? Bref, Dovebasket posa son derrière en plein sur la prise d'air, coupant ainsi notre alimentation en oxygène en provenance du monde extérieur. C'est très bien de tenter d'étouffer son rival. Mais – et tel est le pouvoir de la passion – il était déterminé à faire suffoquer le corps diplomatique tout entier.

» Oh ! pendant un long moment, personne ne le remarqua. Nous continuions de fût en fût d'une humeur toujours aussi joyeuse, avec à chaque lampée une élégance de plus en plus aristocratique. Nous pensions que la morosité de Dovebasket allait passer. Nous ne savions pas qu'il était assis sur la source même de SO_4H_2 (ou H_2O, je n'ai jamais été très fort en chimie) qui alimentait dans ces régions la vie humaine. Je n'avais jamais beaucoup réfléchi à l'air. Il possède apparemment quelque chose de tout à fait essentiel. Pour nutritif que soit le vin, il ne peut, semble-t-il, entretenir seul la vie. Bref, comme je vous le disais, nous étions là, sans nous rendre compte que des bulles de formaldéhyde suivaient lentement notre flux sanguin pour monter jusqu'à nos cerveaux. Je remarquai soudain que chacun manifestait une hilarité inaccoutumée, et, attention, une sorte d'hilarité plutôt sinistre. Rires, conversations, musique : tout semblait se présenter sous un jour nouveau.

» Il s'y était glissé une note de sinistre bacchanale. Je me rendais vaguement compte que les choses ne se passaient pas comme elles auraient dû mais je n'arrivais pas tout à fait à comprendre pourquoi. Le premier à partir fut Gool, l'homme du British Council. Il s'allongea sans bruit sur un lit de roses et perdit connaissance, en prenant juste le temps d'observer qu'il sentait les fleurs pousser au-dessus de lui. Nous n'écoutions pas. La musique avait un rythme plus syncopé. Les gens continuaient à boire maintenant avec une sorte de désespoir et parlaient plus fort que jamais. On sentait au cœur de tout cela un malaise marqué. Les diplomates semblaient soudain vieillis, voûtés. On pouvait commencer à voir l'air qu'ils auraient à quatre-vingt-dix ans, s'ils vivaient jusque-là. Les chefs de mission avaient pris une coloration cendrée. On aurait dit qu'ils avaient usé leurs expressions jusqu'à la corde. On a peine à croire, mon vieux, à quel point l'air peut changer les diplomates.

» Les genoux commençaient à fléchir, les étais à se dérober, les cordages à céder. Pourtant, courtoisement, les gens commençaient à chercher quelque point d'appui. Oui, partout les gens commençaient à s'accrocher comme des voyageurs debout dans le métro, continuant à discuter et à rire, mais sur un mode quelque peu précaire. Polk-Mowbray avait pris un teint résolument crayeux et avait du mal à articuler. Le ministre argentin, lui, se traînait ouvertement vers l'entrée à quatre pattes.

» Ce fut Serge, je crois bien, qui le premier trouva la cause de notre infortune. D'un bond il sauta auprès de Dovebasket en criant : « S'il vous plaît ôter postérieur de respiration », dit-il dans un excellent anglais de pays satellite. Dovebasket déclina cette invitation. Serge voulut le tirer de là et reçut un coup de genou en pleine poitrine. Dovebasket se cala plus solidement en montrant clairement que pour cette semaine il ne laissait plus entrer d'air. Serge s'empara d'une bouteille du genre chianti entourée d'osier et lui assena un bon coup sur le crâne. Dovebasket n'allait pas se laisser traiter comme un œuf dur par son rival exécré. Il répliqua aussitôt. Fatal enchaînement. On comprenait tout de suite comment éclatent les conflits. La Pologne et la Roumanie volèrent au secours de Serge : le Canada et l'Australie répondirent à l'appel de la mère patrie. On aurait dit une étrange saturnale, des diplomates tournoyant l'un en face de l'autre armés de bouteilles entourées de vannerie.

» Le combat prenait de l'ampleur. Dovebasket fut poussé à bas de son perchoir et l'indispensable $S\,O_4H_2$ recommença à se déverser dans la cave. Juste à temps, je dois le dire. Les uns étaient agenouillés dans des attitudes suppliantes. D'autres se traînaient avec cette pénible démarche qu'ont les hannetons ivres d'eau sucrée. D'autres encore avaient simplement basculé parmi les fleurs. Les musiciens piquaient du nez sur leur tambourin sans avoir assez d'oxygène pour lancer un coup de trompette ou même un roulement de tambour. Puis, comprenant soudain la situation, nous poussâmes tous un grand cri en nous précipitant vers la pompe à oxygène dispensatrice de vie.

» Avec votre permission, je jetterai un voile sur les scènes embarrassantes qui opposèrent les combattants. Dovebasket se retrouva K O. L'attaché de l'air canadien eut une vilaine meurtrissure à l'épaule. Le fameux Serge s'en tira sans une égratignure. Un certain nombre de bouteilles furent cassées dans l'échauffourée. Et quel langage on entendit ! La vie sans doute a son vilain côté. L'essentiel était que le corps diplomatique retrouvait vie, respirait de nouveau, pouvait tenir bien haut sa tête endolorie. Dans notre profession on n'est guère entraîné à vivre dangereusement. Je remarquai néanmoins qu'aucun diplomate n'omit de noter le vin de son choix. Certains, faute d'avoir un crayon et du papier, avaient réussi à griffonner au rouge à lèvres sur leur plastron de chemise. Polk-Mowbray, bien qu'épuisé par la bagarre, eut quand même la présence d'esprit d'écrire Stella

Polaris 1942 sur le sien. Au seuil de l'agonie, voyez-vous, mais indomptable.

» Ce fut d'ailleurs lui qui, le lendemain, après la prière, résuma fort bien toute l'affaire en disant : « N'oubliez pas que dans la paix, à la guerre, en amour et dans la diplomatie, il est une vertu indispensable. Je n'ai pas besoin, je pense, de vous dire laquelle. » Ce n'était pas utile en effet. Ç'aurait été insister lourdement. Nous ne le savions que trop bien : un diplomate n'a pas de nerfs.

II. Quelque chose à la carte ?

— La tragédie de Mungo Piers-Foley est une chose, déclarait Antrobus, qui devrait faire réfléchir toute personne sensée. Ce fut le cas pour moi. Ça l'est encore. Par pure inadvertance, il se trouva précipité dans le puits sans fond. Il était un peu distrait ce jour-là.

» Mungo nous arriva comme attaché militaire : c'était un jeune colonel vaillant et insouciant, plein de piquant. On sentait qu'il avait une vie intérieure riche à condition seulement de le persuader d'ouvrir la bouche. C'était un de ces hommes cylindriques à l'air pensif, coiffés avec une raie au milieu : ces hommes qui en disent peu mais qui pensent beaucoup. Qui sait pourtant ce qu'ils pensent ? Pas moi. Mais c'était un officier et un gentleman à la réputation sans tache et excellent cavalier par-dessus le marché. Il avait ce qu'on appelle une superbe assiette. Il chassait le renard. Même si la chasse à courre manque souvent d'intérêt, Mungo était toujours là, franchissant un obstacle après l'autre sur son pur-sang. Il jouait au polo sans jamais frapper son cheval. Pour ma part, je ne suis guère un expert en équitation : le peu que je connais des chevaux me semble singulièrement dépourvu de charme. La dernière fois que je montai avec Polk-Mowbray, je me retrouvai accroché dans un arbre à peu près pour les mêmes raisons qu'Absalon. Mais la question n'est pas là…

» Mungo avait remporté une vaste collection de coupes et de trophées qu'il exposait sur la tablette de sa cheminée. Il tirait au fusil. Il pêchait à la dynamite. Un sportif accompli, on peut le dire. Nous étions fiers de lui à la mission, Tout cela, bien sûr, ne rendit sa tragédie que plus dure à supporter. Cela se passa pendant que j'étais à Paris pour une semaine afin d'aider à réorganiser la cavalerie de l'Otan et lui permettre d'affronter les menaces de l'âge des missiles. J'étais à peine de retour qu'il entra d'un pas incertain dans mon bureau, avec l'air d'un tas de linge sale oublié dans un coin. « Antrobus, me dit-il, écoutez mon histoire. Je suis fini, mon vieux, absolument fini. J'ai donné ma démission et j'ai laissé Polk-Mowbray en larmes. » Il s'assit et chercha à tâtons un de mes cigares.

« C'est arrivé pendant que j'étais à Paris, dit-il. Tout ça, absolument par inadvertance. Ça aurait pu arriver à n'importe qui. Je suis entré à l'*Octogone* pour manger un morceau. C'est seulement quand l'addition est arrivée que je m'en suis rendu compte : mon vieux, *j'avais mangé un morceau de cheval !* »

» Je me levai d'un bond, stupéfait. « Vous avez quoi ? » m'écriai-je, incrédule, me rendant compte qu'il me rapportait une authentique tragédie.

« Du cheval, répéta-t-il d'un ton las en passant une main sur son front. Aussi vrai que je suis ici, Antrobus, une tranche de canasson. Ça a l'air d'un horrible cauchemar. Je dois pourtant reconnaître que cela fondait dans la bouche et la sauce était si fichtrement bonne que je ne me suis aperçu de rien. C'est seulement quand on m'a présenté l'addition que toute ma vie passée a défilé en un éclair devant mes yeux. Bonté divine… un cheval ! Et moi qui suis colonel de cavalerie ! J'étais si surpris qu'on aurait pu me ramasser à la cuillère. »

» Je poussai un gémissement de compassion. Il eut un rire un peu rauque et poursuivit. « Quand on y pense… moi qui ai toujours vécu pour, et pratiquement sur les chevaux. Quelle ironie du sort ! Me trouver assis là, ayant involontairement dévoré une succulente tranche de fanon avec l'impression maintenant d'être un affreux goujat. Et avec un doigt de sauce à la moutarde, en plus. » Il frémit à ce souvenir.

« Mais tout de même, dis-je, cherchant comme toujours le bon côté des choses, on ne peut guère vous le reprocher, Mungo. Vous auriez pu avaler juste une tranche et puis garder le silence. Personne n'aurait le courage de vous blâmer. »

» Il secoua tristement la tête. « J'y ai bien pensé, fit-il, mais ma conscience ne voulait pas me laisser en repos, Antrobus. Après tout, moi qui vous parle, je suis membre fondateur de la *Société pour la prévention de tout ce qui peut arriver aux bourrins.* Vous savez, mon vieux, j'ai beaucoup contribué à faire installer toutes ces maisons de campagne pour vieux chevaux, à les faire inscrire à la Sécurité sociale, à les faire peindre par Munnings avant leur trépas. Tenez, nous espérions en faire élire un au Parlement cette année… Comment ai-je pu mettre ainsi pavillon bas, renier mes principes fondamentaux ? J'avoue que j'y ai pensé. Après tout, dans des moments d'inattention il m'est arrivé de manger bien des choses étranges. J'ai goûté un jour de la grand-mère fumée dans les Célèbes : mais c'était pour sauver la chèvre du régiment. Un jour, au palais du gouverneur de Gibraltar, je crois avoir mangé une portion de bébé singe. Mais ça n'a jamais été prouvé. L'aide de camp a refusé d'avouer. Tout cela pourtant n'est rien à côté des chevaux, mon vieux. C'est un autre monde. Non, je dois vous dire que j'ai éclaté en sanglots en réglant l'addition. »

» Il resta un moment silencieux puis reprit : « Après cela, Antrobus, j'ai connu une longue succession de nuits sans sommeil. Je broyais du noir, mon vieux. Impossible de trouver la paix. J'ai envisagé un moment la possibilité d'aller me jeter aux pieds de la grande spécialiste hippique, Elizabeth David. De tout lui avouer franchement, sans rien cacher, et de lui demander l'absolution. Mais, quand je me suis plongé dans ses livres, je n'ai trouvé aucune référence se rapportant au cheval. Elle y parlait des anguilles ou de la pâte de hareng : c'est révoltant, mais rien du tout comparé au problème qui se posait à moi. Non, c'était sans solution. Je compris que je devrais faire face. Je m'y suis donc résolu. Je vous confesse que ça a été douloureux. J'ai démissionné de mon club hippique. Je me suis fait rayer de tous les registres de haras du Midland. On ne me verra plus à l'Athenaeum. J'ai même soldé mon compte au magasin du Cercle interallié. J'ai tout avoué à Pytchley et j'ai fait pénitence publique à Hurlingham. Ensuite j'ai cassé ma selle sur mon genou… et tout a été fini. Antrobus, je suis un homme brisé. Je suis simplement revenu pour prendre mes médailles et mes décorations. J'ai voulu passer vous dire adieu. Je savais que vous comprendriez. »

» J'étais profondément ému. Mais que pouvais-je dire pour réconforter, pour consoler le pauvre Mungo ? En toute conscience, pas grand-chose. Il avait encore une quinzaine de jours à tirer avant l'arrivée d'un remplaçant. Il passa tout ce temps enfermé chez lui, refusant toutes les invitations. Il y eut un incident minime qui, à la lueur de ce qui se passa par la suite, me semble significatif. Cela prouvait à quel point il avait été marqué par cette douloureuse expérience. Ses inhibitions avaient commencé à disparaître. De Mandeville raconta qu'on avait vu Mungo attablé dans un hôtel local devant un plat de pieuvre. Je ne pouvais pas en croire mes oreilles. De la *pieuvre* ! Mais ce n'était qu'un premier symptôme. Après cela, le silence se referma sur lui. Mungo nous quitta et disparut de notre mémoire. Les années passant, je songeais souvent à lui avec un pincement de compassion. À n'en pas douter, il se trouvait dans une colonie suffisamment perdue pour se faire servir ouvertement des souris blanches aux ignames. Au fond de mon cœur, je saluais sa vaillance.

» Et voici maintenant le sinistre épilogue de mon récit. Spalding avait l'habitude de se rendre régulièrement au Kenya pour voir sa famille et chasser un peu. Une année, il s'enfonça dans les terres en safari. Au cœur de la jungle, dans une clairière, devant une modeste hutte aux murs de boue, il tomba sur un personnage en smoking en train de prendre un petit verre avant le dîner. « Mungo ! » cria-t-il. Mais oui, c'était Mungo. Il était venu cacher sa honte dans ce coin perdu. Ils tombèrent dans les bras l'un de l'autre et Spalding fut heureux de constater que son caractère conservait quelques fibres intactes : il était correctement habillé pour dîner. Ils s'assirent sur des fauteuils pliants et discutèrent devant un martini que Mungo prépara avec toute sa dextérité d'antan. Il avait un peu vieilli mais il avait l'air encore solide sur ses jambes et il confectionna le genre de martini qui vous met vraiment du vent dans les voiles. Autant de signes encourageants.

» Ce fut seulement quand les oiseaux fous commencèrent à lancer leur cri et que la petite radio dans le coin annonça huit heures que Spalding comprit brusquement que ce n'était pas, que ce ne pouvait être le vieux Mungo… Car son hôte dit d'une voix parfaitement claire : « Pourquoi ne pas rester ce soir à la fortune du pot ? Nous avons de l'éléphant au dîner.

— De *l'éléphant* ! »

» Spalding pâlit : il avait reçu une éducation très stricte. Était-ce possible que Mungo fût là, en pleine jungle, à se gaver d'éléphant ? (Et si c'était le cas, comment l'accommodait-on ? Cela devait mettre une éternité à mariner ?) Il avala bruyamment sa salive. « Vous ai-je bien entendu prononcer le mot éléphant, Mungo ? demanda-t-il.

— Oui, dit Mungo, avec une sorte d'étrange grimace. Vous comprenez, mon vieux, il n'y a pas à proprement parler de cuisine africaine. Dès l'instant où on quitte la vieille Angleterre, on atteint à une sorte d'universalité, une communion avec la nature. ICI TOUT EST COMESTIBLE. »

» Ses bras embrassèrent la nuit d'un geste large qui renversa son verre. « Si vous n'aimez pas l'éléphant, poursuivit-il, je peux vous faire préparer de l'écureuil, du tamia rayé ou du boa constrictor. Aucun problème. Je n'ai qu'à envoyer un petit homme avec une sarbacane et il revient avec votre dîner. »

» Spalding frissonna et murmura une prière silencieuse. « Et, reprit Mungo, j'ai donné mon Boulestin et mes deux volumes d'Elizabeth David. Ils ne me sont d'aucune utilité ici sauf pour les missionnaires qui ont des conceptions démodées. Pour ma part, j'utilise l'*Histoire naturelle* de Buffon pour trouver des idées de repas. Tenez, rien que feuilleter la section 1 (primates) vous stimule les glandes salivaires et vous donne de l'appétit. Dites-moi, je vous trouve bien pâle. Vous n'êtes pas malade, non ?

— Oh non, non, fit Spalding. C'est simplement l'éclairage au kérosène qui brille sur mon front assez pâle et dégarni. »

» Mungo se carra dans son fauteuil de toile et dit : « Mais oui, mon vieux. Si un jour les lecteurs du *Times* découvraient à quel point tout est comestible, c'en serait fini de la Société des gastronomes et des amateurs de vin. » Puis, d'un ton lent et rêveur, vibrant de luxe et de volupté, il se mit à réciter doucement : « Sangsues à la rémoulade… Girafe truffée aux oignons… Boa constrictor sauté chasseur… Ragoût de flamant rose avec rats d'eau flambés… » Il était plongé dans une véritable transe.

» Spalding ne put en supporter davantage. Il quitta la clairière à pas de loup et repartit en courant comme un fou dans la direction de Nairobi…

» Voyez-vous, dit Antrobus, je ne vous ai pas raconté cette histoire dans le seul but de vous impressionner. Non. J'espère d'ailleurs que vous ne la répéterez pas. Je ne voudrais surtout pas qu'elle revienne aux oreilles des officiers de la cavalerie de la Garde. Cela montre simplement le genre de chose qu'on peut rencontrer dans la Carrière. Au Noël suivant, quand ma tante Hetty m'a demandé de choisir deux citations pour une broderie au canevas qu'elle faisait pour moi, c'est vraiment en pensant à Mungo que j'ai fait mon choix. Un des textes dit : « C'est à leurs menus que vous les connaîtrez. » Et l'autre : « Rien ne va aussi loin que l'excès… »

» Je pense que vous voyez ce que je veux dire ?

III. L'abominable attaché

— Heureusement pour vous, dit Antrobus, c'était un peu avant votre temps. Le monstre avait été affecté juste avant votre arrivée. De ce garçon, Trevor Dovebasket (il était alors attaché militaire adjoint), je n'ai à dire que ceci : de toute évidence, ce jeune homme était de mèche avec le Diable. Un terrible pacte faustien les liait. Cela se sentait à son aspect physique : des sourcils se rejoignant au milieu du visage. À voir la façon dont il se rongeait les ongles, on devinait qu'il lisait en secret *Popular Mechanics*. Son bureau d'ailleurs était toujours encombré de pièces de meccano et de bouts de ficelle. Il était toujours à tripoter des circuits électriques, des fusibles, à utiliser ces abominables rubans collants, etc. Des tendances vraiment perverses. Un jour, Polk-Mowbray reçut une épouvantable décharge électrique en décrochant son téléphone. Puis des cigares explosifs partirent sous le nez de membres du Rotary Club, ce qui leur sapa le moral. On ne put jamais le prouver, bien sûr, mais je savais… quelqu'un m'avait dit que c'était Dovebasket.

» Il était en cheville avec le Diable d'un côté et avec De Mandeville de l'autre. Ils organisèrent ensemble une sorte de course de scarabées dans la chancellerie. Les scarabées avec des électro-aimants fixés à la queue, s'il vous plaît. Vous imaginez mon inquiétude. On avait donné nos noms aux insectes. Ils prenaient les paris et encourageaient les joueurs à engager de grosses mises. Dolly Pusey, la nouvelle employée du Chiffre, joua en quelques minutes un an d'augmentation qu'elle n'avait pas encore obtenue et presque tous les revenus de son plan de retraite du Foreign Office. Quand je découvris la chose, je n'eus d'autre choix que de la renvoyer à Londres. Mais ce n'était pas tout…

» Ils inventèrent un train électrique pour servir les repas, ils vendirent l'idée à Drage, en expliquant que leur système lui épargnerait du travail. Le train passait sur la table de la salle à manger et s'arrêtait devant les convives avec une assiette sur chaque wagon. À première vue, l'idée semblait ingénieuse. Cela fonctionnait avec des boutons installés à la place de Polk-Mowbray. Oh ! bien sûr, j'avais quelques doutes. Mais, comme il y avait une conférence des syndicats de l'industrie électrique et que nous recevions quelques-uns des membres à déjeuner, Polk-Mowbray (qui avait des côtés parfois enfantins) crut qu'il allait les impressionner avec son petit jouet. Vous devinez la suite. Ce fut seulement quand on chargea sur le train la *Bombe surprise* que l'installation se détraqua. Il y eut un épouvantable incident : le train dérailla sur nos genoux et la bombe (une admirable création sur laquelle Drage avait passé toute la nuit) mérita bien son nom… De Mandeville écopa du châtiment numéro un : il dut pendant un mois nourrir les poissons rouges de la résidence. Bref, tout ceci pour vous montrer que j'étais résolument hostile à ce Dovebasket. Le corps diplomatique traversait à cette époque une de ses petites phases. Les diplomates, vous le savez, forment une tribu où règne une certaine émulation. Chacun s'efforce sur un point de rivaliser avec l'autre. Cet hiver-là, c'étaient les chiens. Ce furent les Hongrois qui commencèrent. Leur attaché commercial apparut soudain avec de gigantesques lévriers des steppes. Il se laissait traîner par eux en public en arborant un air assez satisfait. Tout le monde aussitôt voulut faire mieux. En quelques semaines, le marché des chiens était en plein boom. Chacun avait des chiens de toutes formes et de toutes tailles : des grands, des petits, des bêtes au museau aplati et d'autres qui avaient l'air de croquettes froides. Les Français avaient un penchant pour les caniches fantasquement tondus. Les Italiens préféraient la forme accordéon. Les Anglais, ces grosses brutes qui trimbalent à leur collier du cognac dans un élégant petit tonnelet. Je ne me rappelle plus leur nom. Ils sauvent les gens des avalanches en leur léchant le visage et en leur distribuant un petit coup de gnôle au bon moment. Horrible. Les Albanais exhibèrent des chiens de berger aux crocs si redoutables qu'il fallut les garder attachés dans le jardin et les nourrir en leur lançant des boulettes de viande comme dans une partie de bowling jusqu'au jour où l'on eut trouvé un berger qui comprenait leur caractère. Il les promenait au bout d'un long câble d'acier.

» Bref, tout serait allé pour le mieux si Polk-Mowbray ne s'était pas enflammé à l'idée d'une exposition canine diplomatique. Cet affreux Dovebasket le convainquit en lui faisant miroiter la perspective de gagner un premier prix dans la catégorie des porteurs de tonneau. J'envisageais tout cela avec une certaine appréhension mais je ne parvenais pas à deviner d'où le coup allait venir. Quoi qu'il en soit, on organisa une magnifique exposition canine à laquelle chaque mission remporterait le premier prix de sa catégorie, ce qui fait que l'honneur de chacun serait épargné. Cocardes, boutons, panneaux : on avait pensé à tout. On persuada une firme de biscuits pour chiens de nous offrir quelques prix assez déprimants sous la forme de statuettes de chiens en acier compressé que De Mandeville recouvrit d'une feuille d'or pour faire plus riche. On retint pour l'événement la mairie. On prodigua à la presse une foule d'informations préalables en adressant des communiqués que personne ne publia jamais. On prépara avec le plus grand soin des discours contenant la quantité nécessaire de formules pleines de tact sur tout et rien. Les dames du corps diplomatique décidèrent d'organiser un concours d'élégance en même temps qu'une exposition canine. On vit du jour au lendemain surgir d'étonnantes petites créations et on fit même venir par avion des robes de Paris. Tout le monde était très excité. C'était la première festivité printanière. Les machines à coudre bourdonnaient jour et nuit. On invita le ministre de l'Intérieur à distribuer les prix : il y en avait un pour chaque chef de mission. Polk-Mowbray passa des heures angoissées à répéter ses quelques mots de remerciements sur l'embarcadère de la résidence. Cela s'annonçait dans l'ensemble comme un après-midi charmant et harmonieux. Mais… il y avait dans le regard de Dovebasket une lueur qui ne me plaisait pas. Était-ce possible, me demandais-je, que le gaillard méditât quelque chose ? On ne savait jamais. Alors que j'examinais la disposition (digne d'éloges, je dois le dire) de la salle des fêtes, toute pimpante avec des drapeaux de chaque pays et égayée par la charmante présence de nos épouses dans leurs plus jolies robes, il y avait encore en moi, je l'avoue, une petite voix qui murmurait : « Il va se passer quelque chose. » La journée était belle et ensoleillée. Les chiens étaient extrêmement calmes : ils agitaient leur grotesque petit bout de queue et leurs rubans de couleur tandis que le groupe de juges circulait gravement en notant les points sur ses bristols gravés. Des cocktails coulaient à flots.

» Ce fut à ce moment que j'entendis distinctement De Mandeville dire d'une voix basse et rauque : « Allez-y maintenant, Dovie. » Tous deux se retirèrent sur une estrade au-dessus de la mêlée tandis qu'une étrange gaieté se peignait sur leur visage. Dovebasket semblait avoir un rhume et porta un mouchoir à son visage. On aurait dit qu'il se mouchait. Brusquement, un frisson d'angoisse sembla parcourir la population canine comme un coup de vent dans les blés. Les bergers albanais poussèrent un long hurlement frémissant, comme un solo de violon d'Alban Berg et puis… l'enfer se déchaîna. Ces chiens charmants et pacifiques se tournèrent soudain vers leurs maîtres et vers les juges en proie à une rage inexplicable. Ils s'attaquèrent les uns aux autres. Cris et tumultes. Stands renversés. Les chiens de berger s'attaquèrent aux labradors, les airedales aux fox-terriers. Les propriétaires étaient tirés çà et là par leurs laisses qui s'emmêlèrent inextricablement aux sièges, aux jambes et aux diplomates. On enregistra des morsures de tailles et de profondeurs variées. Le sang se mit à couler, des crises de colère à éclater. Les Russes brandirent le poing. Le ministre fut mordu… au siège. Polk-Mowbray dut abandonner une guêtre à un barzoï échevelé. Les petits chiens se mirent à couiner comme des piccolos, les bêtes de plus grande taille aboyaient à pleine voix, les diplomates gémissaient, gémissaient littéralement.

» D'un bond j'étais au côté de Dovebasket. Je lui arrachai le mouchoir qu'il maintenait devant son visage. « Démasqué », lançai-je. C'était bien ce que je pensais : il soufflait de toutes ses forces dans l'un de ces sifflets qui, inaudibles à l'oreille humaine, produisent un ultrason conçu pour énerver les chiens. « Simple expérience, dit-il avec un pâle sourire, De Mandeville a parié dix livres que mon sifflet ne marcherait pas.

— Une expérience ! m'écriai-je. Regardez autour de vous, jeune misérable. »

» Le spectacle était horrible. Je n'ai jamais rien vu de pareil : sauf peut-être le jour où quelqu'un lâcha une couleuvre lors d'une conférence du Pen Club à Venise. Je me tournai vers Dovebasket. « Donnez-moi cet instrument, lançai-je d'une voix de tonnerre. Je le confisque. Et dès que nous pourrons sans risque descendre dans la salle, je vous conduirai à votre chef de mission. »

» Il se contenta de ricaner. Ce petit monstre était incorrigible. Quand, plus tard ce jour-là, je racontai à Polk-Mowbray l'histoire du sifflet, il était hors de lui. « Il faut que Dovebasket s'en aille », déclara-t-il d'une voix sonore. Au bout du compte – ces choses-là prennent une éternité à régler – Dovebasket partit. Il fut promu au rang de premier attaché militaire à Delhi. L'avancement, mon vieux. Dans la Carrière, c'est toujours de l'avancement. C'est peut-être là la tragédie.

IV. L'essentiel est de participer

— Pour ce qui est du sport, dit Antrobus, le seul mot me met mal à l'aise. Je n'ai jamais cru à ses vertus. Je fus contraint un jour d'arbitrer un match entre l'équipage du *H M S Threadbare* et la flotte française qui me valut presque d'être démembré. Par chance, il y avait un loquet et un cadenas à la porte des toilettes pour hommes. Sinon je ne serais pas ici aujourd'hui. Non, j'émets sur le sport les plus grandes réserves.

» Polk-Mowbray n'était pas de mon avis : il croyait au sport. C'est là-dessus que repose mon récit. Cela se passait durant l'une de ces longues et inexplicables brouilleries entre les Italiens et nous. Vous connaissez les obscures vendettas qui se déclarent soudain entre missions ? Et qui se prolongent souvent bien après que les gens qui ont porté le premier coup de couteau ont été nommés ailleurs. Je ne sais absolument plus comment cette fâcherie-là était née. J'en avais simplement hérité par des diplomates disparus et dont les ossements n'étaient plus maintenant que poussière. Elle était à son paroxysme quand j'arrivai : tout le monde battait froid aux Italiens et ils nous rendaient la pareille. Quand on voyait un Italien à une réception, on le gratifiait d'un lent sourire qui s'achevait en ricanement. Oui, nous tenions à leur faire savoir que nous leur en voulions à propos de quelque chose. Eux adoptaient la même attitude. Je ne pense pourtant pas que personne dans l'un ou l'autre camp aurait pu expliquer pourquoi nous avions l'air si fichtrement offensés. Si, pour des raisons protocolaires, nous échangions encore des salutations, elles ne partaient, pour ainsi dire, qu'au-dessus de la taille. Une simple pliure du plastron, si vous voyez ce que je veux dire, par respect des bonnes manières. Une légère inclinaison accompagnée d'une moue. Pas facile à faire, mon vieux, pas facile !

» Un jour, pourtant, le vent changea. Polk-Mowbray convoqua une réunion des chefs de service. « Nous devons mettre un terme à cette brouille, dit-il avec regret. Même si nous le faisons à contrecœur. Londres affirme que les misérables vont voter contre nous à l'O N U. Il nous faut donc oublier nos sentiments personnels et tout faire pour apaiser et adoucir ces chiens. Le devoir nous impose de nous sacrifier. » On étudia quelques idées pour promouvoir la paix et enfin – ô fatal Dovebasket ! – il en surgit une qui enflamma l'imagination de Polk-Mowbray. « Ça y est ! cria-t-il. Brillant ! Magistral ! Subtil ! Dovebasket, je vous tire mon chapeau ! Vous irez loin. »

» L'idée était la suivante : provoquer la mission italienne à un match de football et le perdre avec grâce, rendant ainsi ces gens heureux et bien disposés à notre égard. Or tout le monde savait que la chancellerie italienne comptait parmi ses membres trois gardes qui avaient jadis été des professionnels : des footballeurs sans intérêt mais de classe internationale. Une redoutable équipe. Nous allions leur opposer une équipe improvisée de diplomates épuisés qui ne tiendraient plus sur leurs jambes au bout d'un quart d'heure et qui perdraient ainsi par deux cents buts à rien. Comme tous les projets de Dovebasket, celui-ci semblait sain au premier abord, et presque ingénieux. J'avais un obscur pressentiment de catastrophe, mais je chassai cette idée. Qu'est-ce qui pouvait donc mal tourner dans une telle affaire ? J'ignorais bien sûr (comme nous tous) que deux des gardes de notre propre chancellerie, Morgan et Bolster, étaient également des internationaux et qu'ils avaient joué dans l'équipe du Pays de Galles. Je ne savais pas davantage que Dovebasket était à court d'argent. C'est vrai qu'il traînait toujours dans la chancellerie, mâchonnant le pommeau d'argent d'un stick en disant : « Je suis terriblement fauché ces temps-ci. » Je n'accordais aucune attention à ses propos car j'étais moi-même assez fauché aussi. C'est après que tout cela devint clair. Dovebasket et De Mandeville étaient de mèche. À peine la date du match fut-elle annoncée qu'ils se mirent à prendre des paris *contre* et non pas *pour* les Italiens.

» Nous poursuivîmes innocemment nos préparatifs pour cette absurde escapade, sans nous douter du piège qu'ils étaient en train de nous tendre. Polk-Mowbray dépensa pas mal d'argent de la caisse noire pour nous acheter des shorts bleus avec un motif à pois et des maillots rouge, blanc et bleu. Je ne crois pas que nous étions très impressionnants quand nous déboulâmes sur le terrain sous les applaudissements polis des dames du corps diplomatique. La plupart d'entre nous avaient cet air hagard de qui vient d'assister à trop de conférences. Nous nous étions tous confectionné d'épais protège-tibias en utilisant du carton de dossier. J'avais dans chaque bas près d'une semaine de dépêches concernant l'économie. Bien sûr, avec tout cet équipement défensif, nous évoluions comme des buffles femelles enceintes. Sans grâce, sans poésie. Mais nous nous efforcions d'avoir un air résolu.

» Les trois avants italiens, je dois le dire, inspiraient la plus vive inquiétude. Ils étaient bâtis comme des armoires à glace et j'observai qu'ils portaient dans leurs bas de longs couteaux. J'étais plutôt content que nous ayons décidé de perdre. Les deux ambassadeurs choisirent chacun de garder les buts car des chefs de mission n'aiment pas qu'on les voie courir. Tout le monde fut enfin rassemblé. Sur le terrain, on enfonçait dans la boue jusqu'à la cheville et au bout d'un moment le ballon avait l'air d'un gâteau mal cuit si bien que même Arturo, Benjamino et Luigi avaient un certain mal à le pousser. C'était encore plus dur pour nous. Au bout de quelques minutes de course dérisoire, nous étions tous passablement hors d'haleine et dispersés : les Italiens, eux, exécutaient tout autour de nous des huit audacieux, se rapprochant sans cesse de l'anxieux Polk-Mowbray – impitoyables comme un lavement, mon vieux.

» Notre défense était du genre à claire-voie et, au bout de quelques minutes à peine, ils avaient marqué un but. Puis un autre. Puis encore un autre. Nous étions rayonnants et résistions difficilement à l'envie d'applaudir. Nous les étreignîmes. Ils nous serrèrent dans leurs bras. Polk-Mowbray insista pour planter un baiser fraternel sur la joue de l'ambassadeur d'Italie. Le pauvre homme en fut profondément ému et de toute évidence il n'était plus le moins du monde fâché. On peut dire ce qu'on veut, mais nous autres Anglais, nous savons perdre avec panache. En fait, c'est ce que nous préférons. Nous arborions tous un air extrêmement convenable tout en trottinant à perdre haleine. Nous nous montrions vaillants mais inefficaces : bref, tout à fait dans le ton. Les dames poussaient des acclamations sur un mode suraigu et agitaient leurs parapluies.

» À la mi-temps, nous avions déjà encaissé sept buts. Il s'était produit étonnamment peu d'incidents.

Certes, l'attaché naval qui jouait ailier (et qui croyait à la réincarnation) reçut dans les jambes quelques méchants coups de pied d'un troisième secrétaire libre-penseur, mais nul ne s'en souciait. Nous perdions : c'était l'essentiel. Il fallut attendre la mi-temps pour que le plan machiavélique de Dovebasket entrât en action. De Mandeville et lui eurent la bonté de faire circuler des rafraîchissements – cocktails au rhum et bonbons acidulés – avant d'annoncer leur intention de se retirer de la partie « pour donner une chance aux remplaçants ». Tous deux, semblait-il, souffraient d'une hernie discale. Polk-Mowbray se montra compatissant : il ne se doutait de rien. « Quelle malchance ! » s'écria-t-il. Au moment du coup de sifflet, je vis la jeep de l'attaché militaire approcher sous les arbres, amenant les remplaçants. Deux silhouettes gigantesques – Morgan et Bolster – étaient assises à l'arrière, armées de pied en cap pour la bagarre. « Tiens, tiens, des gardes de la chancellerie ! s'écria Polk-Mowbray avec un enthousiasme très démocratique. Rudement bonne idée ! Ça va nous donner du sang neuf. » Il ne croyait pas si bien dire…

» Mon vieux, c'étaient des colosses. Je ne les avais jamais vus, si je puis dire, déshabillés. Quelle musculature ! Noueuse et rugueuse. On aurait dit des Henry Moore. Et, par-dessus le marché, couverts de tatouages : des navires, des couronnes et des numéros de téléphone de petites amies. Le pire était que tous deux arboraient un air rébarbatif qui ne peut venir que d'un long régime à base des rations de rhum de la Marine. Ils rayonnaient d'une assurance insouciante de mauvais aloi. Mon cœur se serra quand je vis ces sortes d'infirmiers endurcis arriver en trottant dans la boue pour venir se placer aux postes d'avants. Mon sang se glaça quand j'entendis Morgan murmurer d'une voix rauque à son camarade : « Rappelle-toi, il faut qu'on leur règle leur compte proprement, sinon Dovie ne nous donnera pas notre part, t'as compris ? » C'était donc ça ! Un cri échappa à mes lèvres : il fut noyé par le coup de sifflet. Nous étions partis comme des hommes qui luttent pour survivre dans un océan de colle.

» Quelle bataille de titans s'engagea alors entre les avants des deux camps ! Des collisions de plein fouet, des feintes, des esquives, des numéros de trapèze ! Notre innocente petite partie de baballe prit soudain un aspect plus sombre : cela tournait bien davantage à la boucherie médiévale dans le cadre d'un tournoi. Les compatriotes de Toscanini poussèrent des cris mélodieux de stupéfaction devant ce soudain jaillissement passionné d'un talent qu'ils ne soupçonnaient pas chez nous. Grâce à un brillant système de passes fulgurantes, Morgan et Bolster marquèrent quatre buts en un peu plus de cinq minutes. Polk-Mowbray commença à manifester une légère inquiétude. Les Italiens, revenus de leur surprise, se mirent sérieusement au travail. Les heurts, les coups de coude, les coups du lapin dans le dos de l'arbitre commencèrent à se multiplier. De toute évidence, nous perdions enfin notre statut d'amateurs. Morgan et Bolster étaient habitués à ce style de jeu. Pour eux, c'était comme faire tourner un cabestan. Les contrecoups et les contre-bousculades suivirent, accompagnés de temps en temps du bruit sourd d'un coup de poing. On entendait fuser les cris de « Coup franc ! » et de « Ah, tu m'as cogné ? » Deux buts de plus à notre crédit. « Au nom du ciel ! s'écria Polk-Mowbray avec feu. Qu'est-ce qui se passe ? » On comprenait sa question : Bolster et Morgan jouaient maintenant avec la fureur concentrée de fanatiques religieux qui viennent d'apercevoir la Terre promise. Je ne sais pas combien d'argent était en jeu. Les Italiens eux aussi jouaient un jeu passablement viril. Le rythme s'était accéléré. Les heurts suivaient les heurts. « Bonté divine ! protesta faiblement Polk-Mowbray. On n'a donc pas prévenu les gardes ? » Mais si, on les avait prévenus ; mais, hélas ! pas dans le sens prévu.

» Il y avait encore dix minutes à jouer quand Bolster égalisa. Un gémissement monta tout à la fois du camp des Italiens et du camp des Anglais. L'ambassadeur d'Italie éclata en sanglots. Arturo commença à caresser le couteau dans son bas et à marmonner. Rien qu'à le regarder, je me sentais près de défaillir. Encore un coup de sifflet. Tout le monde maintenant semblait en proie à une rage effrénée. Je reçus un coup de pied de De Ponzo (d'ordinaire le plus doux des hommes, père de famille et ornithologue amateur), un coup qui me laissera des traces. Je vous les montrerai un jour. En fait de match de football diplomatique, la partie tournait peu à peu en un spectacle d'une bestialité sans retenue. Ce n'était que poussées, manchettes, bousculades et collisions comme je n'en avais jamais vu auparavant, comme je n'en ai jamais vu depuis. Le langage… une saturnale de jurons, mon vieux. Si je n'avais pas eu aussi peur, j'en aurais rougi. Là-dessus arriva enfin le coup de grâce fatal.

» Bolster ouvrit le feu en expédiant le ballon comme un boulet jaillissant d'un canon de seize pouces. Il y avait dans son tir une malveillance froide et sinistre. Le cuir détrempé vola dans les cieux en direction de la silhouette sans armure du chef de mission italien. Attention, pour un homme un peu éthéré comme lui, il ne manquait pas de courage et il ne broncha pas. Il y eut un choc sourd suivi d'un hurlement : notre distingué collègue avait reçu le ballon en plein abdomen. Je sentis que tout autour de moi devenait noir. Quel tir ! Oui, et quelle victime : le pauvre ambassadeur, projeté en arrière dans ses buts par la simple force de ce pudding volant, se retrouva bientôt sans connaissance sur le sol. Tout ce qu'on pouvait faire maintenant, me semblait-il, c'était de tirer respectueusement un imperméable sur le corps avant de reprendre la partie : comme à Twickenham. Nous menions maintenant d'un but. Imaginez notre désespoir ! Polk-Mowbray dansait de rage et de consternation entre nos poteaux. Une dame poussait des cris aigus. Drage tenait un miroir devant les lèvres de l'ambassadeur italien en secouant tristement la tête. De tous côtés montaient des appels à l'aide. On dépêcha dans toutes les directions des messagers pour quérir des ambulances.

» Ce fut alors que Bolster, avec un évident manque de tact, cria joyeusement : « Encore huit minutes à jouer. » Pour employer une formule un peu vulgaire, ce fut vraiment le bouquet. Les avants italiens foncèrent sur lui, manifestement décidés à lui faire perdre son sourire. Morgan intervint. Il y eut des échanges de coups. L'attaché naval fut envoyé au tapis. D'autres pacifistes tentèrent imprudemment de s'interposer. L'arbitre, frappé en plein visage, avala la roulette de son sifflet. Une bagarre éclata qui à n'en pas douter allait finir en émeute. On dégaina des couteaux. Il y eut des estafilades et des hurlements. Les dames se pâmaient à l'unisson. Il fallut près de dix minutes pour voir arriver le groupe d'intervention bulgare dont les hommes débouchèrent sur le terrain armés de mitraillettes. Nous étions tous en état d'arrestation. Nous eûmes la honte de rester menottes aux mains pendant près d'une heure avant que le doyen ne parvînt à les persuader que nous bénéficiions de l'immunité diplomatique et que nous n'étions pas soumis aux pénalités prévues par la loi en cas d'émeute. Ceux qui ne faisaient pas partie du corps diplomatique – nos avants et les leurs – furent emmenés dans un simple fourgon. Toute l'affaire se solda par un affreux scandale.

» Et notre subtil petit plan ? Qu'en dire de plus ? On vota contre nous à l'O N U et les Italiens restèrent fâchés. Pour ajouter un affront à ses méfaits, la carte de Noël de Dovebasket cette année-là représentait un Père Noël en chaussures de football. Je vous parie que la brouille dure encore aujourd'hui.

» Non, vous ne me surprendrez jamais à plaisanter quand il s'agit de sport.

V. Si l'ail doit être l'aliment de l'amour

Chaque mercredi d'hiver, désormais, je déjeune avec Antrobus à son club après être passé le prendre au Foreign Office juste avant midi. Je crois qu'il apprécie autant que moi ces réunions car elles lui permettent d'évoquer le bon vieux temps dans la Carrière. Pour ma part je suis toujours ravi d'ajouter une anecdote ou deux à mon *Dossier Antrobus* : ce sera un jour, je l'espère, la fondation sur laquelle j'élèverai mes mémoires diplomatiques…

Ses souvenirs hier me ramenaient une nouvelle fois en Bulgarie où il avait servi comme chef de la chancellerie sous Polk-Mowbray quand ce dernier était chef de mission, avec De Mandeville sous ses ordres.

— Une époque difficile, murmura-t-il. Et peut-être ne devrait-on pas en parler. Tout ce printemps, De Mandeville était dans un état bizarre : peut-être cela tenait-il aux phases de la lune ? Je ne sais pas. Il était d'humeur « Hamlet, vengeance ! » Des problèmes semblaient se poser à propos de la table de l'ambassade : en tant que troisième secrétaire, il était responsable des repas. Tout commença, je m'en souviens, avec une série de décorations de table qui donnaient à chaque repas l'air d'une illustration prise dans le *Livre de la jungle*. C'était à peine si on pouvait avaler une bouchée sans mordre par erreur une feuille de fougère. Des tranches de citrouille et de courge donnaient à toutes les tables un air de festival des moissons. Il fallait scruter les invités derrière une forêt de plantes en pots. Polk-Mowbray finit par y mettre le holà. De Mandeville en fut vexé. Sa première mesure fut d'ordonner à Drage de servir par la droite, par déférence pour un chef de mission commerciale gaucher qui séjournait à l'ambassade. C'était peut-être une initiative pleine de tact, mais elle provoquait des complications sans fin pour nous autres convives droitiers qui trouvions tout à l'envers et qui devions déplacer rapidement nos couverts en prenant place. Là-dessus, Drage servait si vite et du mauvais côté qu'on avait toujours un coup de retard pour le soufflé. J'essayai bien de raisonner De Mandeville, mais il se contenta de faire la moue et de se rebiffer. De toute évidence, il était de méchante humeur, mon vieux. Je craignais le pire. J'ai une sorte d'intuition pour ces choses-là.

» L'étape suivante dans cette succession de sabotages progressifs, ce fut le curry. De Mandeville fit servir une série de curries de Madras. Ils étaient si forts que l'ambassade de Hollande tout entière en eut la muqueuse de la bouche complètement brûlée : pelée comme l'écorce d'un arbre, mon cher. Le ministre convoqua officiellement Polk-Mowbray pour savoir s'il existait un état de guerre entre l'Angleterre et la Hollande. Il avait fallu traiter sa femme pour lui adoucir le palais. Un jeune attaché allait partout racontant que la cuisine de l'ambassade regorgeait de chaux vive et faisait de sombres allusions à des dommages-intérêts. Il y eut naturellement, à ce propos, des mots vifs et des reproches sanglants qui énervèrent quelque peu Polk-Mowbray. De Mandeville fut sévèrement réprimandé, mais en vain. Il fit servir ensuite une soupe à l'oignon avec des croûtons de pain noir sans cuillère à soupe. Vous savez comme une bonne soupe à l'oignon met du temps à refroidir. Notre petite réception de déjeuner se poursuivit presque jusqu'à la tombée de la nuit : plusieurs invités furent légèrement ébouillantés pour avoir négligé de mesurer au thermomètre la température de la mixture avant de l'avaler. Tout cela menait peu à peu à un paroxysme. Je le voyais venir et mentalement, si je puis dire, je fermai les yeux et adressai une prière à la déesse de la diplomatie. Je ne parvenais toutefois pas à deviner d'où ce troisième secrétaire pervers et démoniaque allait assener son coup fatal.

» Ensuite… et tout cela, mon vieux, à titre strictement confidentiel… ensuite, le désastre arriva. Polk-Mowbray laissait toujours la porte de son bureau grande ouverte : je pouvais donc voir et entendre tout ce qui se passait à l'intérieur. Un matin je perçus les échos d'une sorte de querelle : je sus qu'enfin Polk-Mowbray était en pleine crise. « Je vous en conjure, sur la mémoire du premier comte de Croner, hurlait-il, répondez-moi sans tergiverser. Avez-vous mis de l'ail dans les plats sans prévenir personne ? Avez-vous, délibérément ou inconsciemment, rehaussé ce cassoulet, saturé cette salade sans éclat, donné l'ordre de faire légèrement revenir les pois dans l'ail avant de servir ? Répondez-moi sur-le-champ, ou au nom du Ciel, je vais… »

» De Mandeville émit une sorte de gargouillis modeste et écarta d'un grand geste ses mains soigneusement manucurées tout en murmurant qu'on consommait de l'ail dans les meilleures maisons de Londres. C'était un excellent tonique pour le système nerveux. D'aucuns disaient que c'était le seul vrai remède contre la gale. Il faudrait être bien rétrograde pour imaginer… et ainsi de suite dans ce style. Pendant ce temps, les veines gonflaient sur le front de ce pauvre Polk-Mowbray. « Ne tentez pas de vous justifier, tonna-t-il. Répondez-moi simplement par oui ou par non. Et effacez de votre visage ce sourire d'une sensualité bestiale. Si vous choisissez de dîner de gousses d'ail crues avec votre douteux chauffeur, c'est votre affaire. Mais la table de l'ambassade est sacrée, vous entendez ? *Sacrée.* Si vous ne me répondez pas sincèrement, je ferai sur vous un rapport au secrétaire au

Foreign Office. » Bref silence durant lequel ils se foudroyèrent du regard. Là-dessus, De Mandeville renversa la tête en arrière et lança le mot « oui » d'un ton vibrant de défi : il arborait l'expression d'un fanatique de la Société protectrice des animaux. Polk-Mowbray effectua un bref mouvement de lévitation et frappa du poing sur son bureau en criant triomphalement : « Ah ah ! vous l'avez donc bien fait. » De toute évidence, De Mandeville était bon pour un de ces reproches qui vont jusqu'au fond des choses. Son chef se mit à arpenter le tapis comme il le faisait toujours quand il était ému. Il braqua sans équivoque le doigt du mépris sur De Mandeville. « Misérable ! s'écria-t-il d'une voix tremblante. Vous ne pouviez donc pas voir les dégâts que pourrait causer une cuisine aussi téméraire et criminelle ? En outre, afin de me causer le plus grand tort, vous choisissez le repas de l'année qui est d'une immense importance politique. Songez à l'attaché naval ! Qu'a-t-il jamais fait pour mériter cet abominable déjeuner : il l'a dévoré de bien trop bon appétit ? Et ma nièce Angela… avez-vous pensé à elle ? Et le chef du ministère des Affaires étrangères… hein ?

» De Mandeville essaya quelques vaines protestations. « En voilà assez ! s'écria Polk-Mowbray d'une voix rauque. Vous savez certainement que donner de l'ail à un attaché naval, c'est comme enfourner des rats morts dans une chaudière à coke ? Avez-vous vu son visage quand, dans l'après-midi, il est sorti en trébuchant ? Vous ne saviez pas, j'imagine, qu'il devait faire une conférence à l'Amicale des loups de mer sur « la tempérance et l'abnégation en mer » ? En très peu de temps, il a fait bien piètre impression. Le malheureux redoute maintenant d'être traduit en conseil de guerre. Il me dit qu'aujourd'hui chaque fois qu'on aperçoit son canot, on hisse le pavillon de la fièvre jaune et qu'on lui interdit l'accès du bord. À n'en pas douter le plus terrible sera quand il entrera dans le carré des officiers. Vous êtes responsable de tout cela et de bien d'autres choses encore. Ne m'interrompez pas. Je n'ai pas fini. Vous rendez-vous compte que, quand j'ai aidé le ministre à remonter dans sa voiture, il émettait un bruit de bec Bunsen ? Peu vous importait à vous qu'il doive prononcer cet après-midi, au Grand Praesidium, un discours sur les Affaires étrangères – dans une langue en outre si pleine d'aspirées que cela va imposer les pires épreuves à son auditoire ? Non, peu vous importe : entre vos potirons, votre poterie, votre façon de faire servir à droite ! Vous poursuivez sans merci votre carrière, en tramant à ma table ces complots diaboliques. Et, sans parler de tout cela, que dirai-je de *moi* ? On ne peut pas vous demander de savoir que l'on m'avait prié de réciter l'Écriture lors d'un service commémoratif à la chapelle baptiste britannique : un endroit connu pour l'exiguïté des lieux et sa mauvaise ventilation. Que croyez-vous que j'aie éprouvé en voyant les deux premiers rangs de la congrégation osciller comme des blés mûrs sous un vent d'est ? Comment vous imaginez-vous qu'ont pu être mes sentiments quand mon tour est venu de serrer dans mes bras l'infortunée veuve ? Elle respirait comme si sa courroie de ventilateur s'était décrochée. Répondez-moi ! Vous voyez, vous n'avez rien à dire. Vous restez muet, et c'est aussi bien ainsi. Honte à vous, Aubrey De Mandeville ! Vous n'avez même pas pris la peine de réfléchir à l'effet qu'Angela pourrait faire sur Cosgrave après un pareil déjeuner. Les fiançailles étaient déjà assez fragiles : mais vous avez vraiment mis la pauvre fille dans le pétrin. Et que dire des dactylos ? Les filles tombant l'une après l'autre comme des mouches en essayant de prendre en dictée notre courrier. Avez-vous pensé à elles ? » Un moment, les mots lui manquèrent. Son visage était secoué de spasmes. Puis il dit d'un ton sourd et vengeur, entre ses dents serrées : « Je vous l'assure : désormais plus d'ail. De la sauge, oui. Du thym, certes. Du romarin, de la marjolaine, du fenouil, du cumin, pourquoi pas ? Mais de l'ail, jamais plus ! » L'édit fut donc appliqué et la vente des bonbons à la menthe à la cantine de l'ambassade retomba aussitôt.

Antrobus remplit nos verres : ces souvenirs lui arrachaient un soupir attristé. Puis il dit d'un ton songeur : « L'ail a toujours été la plus lourde croix qu'un diplomate a dû porter dans l'épreuve. Il *fallait* l'interdire, mon vieux. Et pourtant, dans une certaine mesure, nous vivions tous dans le mensonge comme les Américains au temps de la prohibition : car tous, secrètement, nous adorions ce condiment. (Je vous dis cela à titre tout à fait confidentiel : je ne voudrais pas qu'on me citât.) Il est pourtant étrange que cette liliacée délétère attire à ce point les hommes. Pour ce qui est des diplomates, ce bulbe pervers troublait bien des échanges confidentiels : pour ce qui est de danser avec votre ambassadrice… ma foi, c'était la méthode la plus rapide pour se faire affecter ailleurs. C'est pourquoi j'éprouvai un tel soulagement quand s'est levée l'aube de l'Âge de la science. Autrefois, j'étais *contre* la science et *pour* les humanités : je l'avoue sans détour. Quand enfin la chlorophylle est arrivée, j'ai été aussitôt conquis. Quel bienfait et quelle bénédiction pour les diplomates ! Quel grisant sentiment de soulagement. Bien des ruptures se sont cicatrisées ce jour-là entre un homme et son semblable. Même Polk-Mowbray finit par permettre qu'on frottât légèrement deux gousses d'ail sur les parois du saladier avant de servir. Je ne sais pas si vous avez remarqué ce petit ragoût pas mauvais du tout que nous venons de déguster ? Pas mal, pour le club ? Mais n'ayez crainte ! J'ai dans ma poche un flacon plein de ces petites tablettes grises qui introduisent de nouveau dans les rapports humains quelque chose de rationnel, de facile, d'ouvert. Plus besoin de s'écarter l'un de l'autre, les lèvres serrées. Nous pouvons de nouveau garder la tête haute ! Portons un dernier petit toast à la déesse du Foreign Office, voulez-vous ? Je lève mon verre à la chlorophylle ! »

VI. Là où butine l'abeille

— On a quelque peine, dit Antrobus, quand on évoque le bon vieux temps, à expliquer la fatuité dont une veine ténue mais dense parcourait le caractère de Polk-Mowbray. Il était à bien des égards un admirable chef de mission, un homme de talent et capable de se maîtriser : néanmoins il pouvait aussi être parfois tout simplement un bébé au berceau, mon vieux, un vrai bébé au berceau. Il était, à mon avis, sujet à de brusques impulsions. Il avait une imagination débordante et un tempérament extrêmement nerveux. Une semaine, par exemple, il se passionnait pour les nœuds marins. C'était très bien dès l'instant qu'il se contentait de rester assis à son bureau à jouer avec des bouts de ficelle : mais cela ne s'arrêtait pas là. Il devenait téméraire, ambitieux et se laissait emporter par ses connaissances toutes neuves. Il se mettait à démontrer ses talents aux matinées enfantines, aux fêtes de charité, aux cocktails – partout. Et ce qu'il y avait d'épouvantable, c'était que ses tours ne marchaient jamais. Il ligota le fils aîné de l'ambassadeur d'Allemagne avec des liens si serrés que l'enfant se retrouva au bord de la suffocation : nous le délivrâmes juste à temps en utilisant les grandes cisailles du jardinier. Drage dut déverser tout le contenu d'un seau à champagne sur le visage congestionné du jeune Teuton pour ranimer ce morveux. Puis Polk-Mowbray s'attacha lui-même au bouton de porte de l'ambassade sans parvenir à se libérer. Cela provoqua tout un rassemblement. C'était humiliant. Une fois de plus, nous dûmes avoir recours à un sécateur. Je pris l'habitude d'en avoir une paire sous la main dans mon bureau. En tant que chef de la chancellerie, vous imaginez à quel point mes responsabilités étaient écrasantes… « Antrobus, me disait-il tout en nouant des faveurs avec un bout de cordelette d'excellente qualité, Antrobus, je me suis trompé de vocation. Je viens de m'en rendre compte. Quand j'étais jeune, on aurait dû m'envoyer en mer. Doubler le cap Horn en suroît, vous voyez ? C'est ça la vie que j'aurais dû mener, Antrobus. »

» Qui étais-je, moi, son subalterne, pour lui porter la contradiction ?

» Deux jours plus tard, j'arrivai pour trouver sa dactylo attachée au radiateur de la chancellerie par un poignet tout enflé. Elle était en larmes. Polk-Mowbray ne parvenait pas à la dégager et moi non plus. « Tut tut, répétait-il. Un simple petit nœud de chaise comme ça. C'est extrêmement vexant. J'essayais juste de montrer à Angela un truc ou deux. » Au bout du compte, Morgan, le garde de la chancellerie, dut desceller le radiateur du mur pour la libérer. L'eau se déversa dans le bureau de De Mandeville, gâchant un tapis persan auquel il tenait beaucoup. Manifestement, les choses étaient allées assez loin. Nous tînmes une réunion en secret et nous confiâmes à Butch Benbow, l'attaché naval, la mission d'étouffer dans l'œuf cette petite manie avant qu'elle n'eût gagné le corps diplomatique tout entier. Nous savions que dans l'état d'esprit où il se trouvait, Polk-Mowbray était plein de révérence pour tous les marins : même s'ils souffraient abominablement du mal de mer comme c'était le cas de Butch Benbow… Je dois dire toutefois que Butch se montra habile. Il est vrai que l'on peut toujours compter sur la Marine. Il demanda tout de go à Polk-Mowbray s'il n'avait pas *peur* de jouer sans cesse avec de la ficelle à un pareil rythme – et sur une telle échelle ?

« Peur ? demanda doucement le chef de mission. Pourquoi peur ?

— Le dernier ambassadeur atteint de cordomanie, expliqua Butch, s'est pendu. »

» Il fit *krik krik* avec sa bouche et de son doigt dessina un nœud coulant autour de son cou. Puis, pour parachever la pantomime, il roula des yeux jusqu'au moment où l'on ne vit plus que les blancs et tira une langue longue comme ça – et, je dois le dire, quelque peu décolorée. « Il a tout à fait raison, monsieur l'Ambassadeur », dis-je. Polk-Mowbray nous regarda tour à tour, absolument stupéfait. « Mais les marins font ça tout le temps, protesta-t-il.

— Les marins peuvent défaire les nœuds quand ils le veulent, répliqua Butch d'un ton un peu pincé. D'ailleurs, ils ne se promènent pas dans leur sommeil comme vous, monsieur l'Ambassadeur. Le diplomate dont je parlais était également somnambule. »

» Cette remarque fit sauter Polk-Mowbray au plafond. En fait, il ne lui était arrivé qu'une seule fois de déambuler dans son sommeil : le résultat, il est vrai, avait été désastreux. Je vous raconterai ça un jour. C'était après un curry de crevettes conçu par De Mandeville. Il resta un long moment assis là à me dévisager, les yeux exorbités. Puis il poussa un soupir de regret et nous comprîmes que pour lui les jours de la marine à voile étaient comptés.

« Merci de votre sollicitude », dit-il.

» Ce n'était là qu'un exemple : je voulais vous parler des abeilles. J'entrai un jour dans son bureau pour le trouver revêtu d'un masque et de gantelets d'apiculteur, tenant à la main une sorte de diapason qu'on utilise, à ce que j'ai compris, pour ramasser la reine. J'étais horrifié : mais il se contenta de me faire un geste désinvolte et me dit de m'asseoir. « Antrobus, déclara-t-il, j'ai trouvé la solution à la monotonie de ce poste. Imaginez le doux murmure d'abeilles innombrables, mon cher garçon. Un passe-temps *pastoral*, qui convient à un diplomate. Quelque chose qui ne fait de mal à personne et qui donne du miel pour le thé. » Tout autour de lui s'entassaient magazines et brochures intitulés *L'Apiculture : un vrai métier*, *Guide du frelon et de l'abeille*, *L'Amateur d'abeilles*... ce genre de choses. De toute évidence, il s'était plongé dans la science des abeilles.

« J'ai commandé une ruche à Guernesey, m'annonça-t-il, et j'ai demandé qu'on me l'envoie par la valise diplomatique.

— La valise diplomatique, balbutiai-je. Mais les animaux vivants figurent sur la liste des articles interdits ? Comme vous le savez, les gens qui surveillent la valise diplomatique sont assez tatillons : il y a des réglementations sans fin sur ce qu'on peut et sur ce qu'on ne peut pas envoyer par la valise. »

» Polk-Mowbray secoua la tête. « J'ai étudié le règlement, dit-il : rien sur les abeilles. La principale interdiction concerne les liquides : mais une ruche d'abeilles n'est pas liquide. »

» Je doutais de la valeur de son raisonnement. Les liquides étaient prohibés parce qu'un jour, il y a bien longtemps, un jeune attaché avait envoyé à sa mère une bouteille de mauvais chianti qui avait explosé. Il avait fallu accrocher, pour les faire sécher, la plupart des dépêches de Lord Cromer avant de les remettre et certaines d'entre elles avaient bel et bien viré au vert. Le vin devait être abominablement bouchonné. Il est vrai que le vin italien… bref, je n'aimais guère l'idée de voir le service de la valise acceptant avec confiance une boîte en carton percée de quelques trous dans sa partie supérieure. « Et si elles fabriquent du miel au milieu des dépêches confidentielles ? » dis-je.

» Il eut un rire insouciant. « Pouf ! dit-il. Ça ne posera aucun problème. Vous verrez. »

» Je n'en dis pas plus. Sept jours plus tard, une scène épouvantable se déroula sur le quai de la gare de Venise. Les abeilles, affolées par leur solitude dans la valise, s'échappèrent et prirent d'assaut le wagon de première classe où Fothergill, le courrier, dévorait un sandwich au jambon. Elles le piquèrent. Le pauvre diable était attaché par un cadenas au sac et ne parvint pas à se libérer à temps. On put assister bientôt au terrifiant spectacle d'un respectable courrier du Foreign Office traversant la ville en hurlant et en brandissant un sac d'où s'échappaient abeilles et documents confidentiels en quantités de plus en plus abondantes. Les autres courriers, dans de vains efforts pour l'aider, le suivirent dans une sorte de diabolique rallye-papier qui ne se termina qu'à Saint-Marc, où Fothergill alla se réfugier derrière l'autel. Là, la pénombre dérouta les abeilles qui tournèrent leur attention sur les prêtres. Et notre courrier ? Mon vieux, il était tout entier au fond du Grand Canal. Le consul général dut affréter une flotte de gondoles pour le récupérer avant qu'il ne tombe dans des mains non autorisées. Vous imaginez le scandale. Fothergill arriva sans abeille, sans valise et menacé d'excommunication. Je croyais que cette aventure guérirait Polk-Mowbray. Pas le moins du monde. Le lot suivant nous fut expédié par avion dans un container étanche. L'on dépêcha Drage pour les accueillir à l'aéroport. Il avait installé une ruche dans le garage et Polk-Mowbray arpentait la résidence sous son voile d'apiculteur, attendant ces maudites abeilles avec une impatience à la fois fébrile et exceptionnelle. Le grand moment finit par arriver. Il savait exactement comment les faire sortir du container en les basculant et tout cela. Mais la ruche déplut vivement aux abeilles et, au bout de quelques secondes, elles obscurcissaient le ciel. Elle se mirent à voler d'abord dans tous les sens puis dans un affreux bourdonnement s'engouffrèrent dans un tuyau d'écoulement pour déboucher dans la chancellerie où elles s'installèrent dans le vieux poêle auprès de la bibliothèque. Pendant quelque temps, chacun resta sur ses gardes mais les petites créatures étaient fort bien élevées. « Vivre et laisser vivre », criait Polk-Mowbray en suçant son pouce. (Une abeille l'avait piqué.) « Si ces petites bêtes veulent vivre ici, nous devons respecter leur souhait. » Je trouvais cela un peu dur pour les secrétaires subalternes mais que pouvais-je dire ?

» Toutefois, et j'en suis le premier étonné, les abeilles ne causèrent pas le moindre ennui : bien mieux, comme le temps passait, leur murmure assourdi aidait plutôt qu'il ne gênait la composition des dépêches. Polk-Mowbray cessa bientôt de s'y intéresser : de temps en temps il coiffait bien son voile et lorgnait par le tuyau du poêle. Il les implorait de se montrer gentilles et de sortir pour faire un petit tour mais, au soulagement général, elles ignoraient ses admonestations. Peu à peu, plus personne ne pensa à elles. Mais, hélas ! l'histoire ne devait pas s'arrêter là. Quand les abeilles finirent par émerger de leur retraite, elles provoquèrent un tumulte sans précédent. Tout cela par la faute d'un nouveau secrétaire, Sidney Trampelvis, qu'on avait insuffisamment mis au courant : il eut l'idée d'emplir le poêle de vieilles fiches de paris sur les courses dont il n'avait plus besoin et d'y mettre allégrement le feu. Or se tenait à cette époque dans la salle de réunion une de ces conférences ineffablement délicates, sous la présidence de rien moins que Lord Valerian… vous savez, le type du Trésor. Il s'agissait d'un pacte commercial : je ne dois pas en révéler les détails. Figurez-vous que ce Valerian – que je considérais plutôt comme un rustre – impressionnait je ne sais pourquoi Polk-Mowbray. Peut-être avait-il des relations haut placées au Foreign Office. Peut-être était-ce son énorme barbe qui pendait comme un grillage protecteur, ne s'écartant que de temps en temps quand il bougeait pour révéler la rayure d'une cravate aux couleurs du collège d'Eton.

On racontait qu'il portait sa cravate de collège même au lit, par-dessus sa veste de pyjama. Certes, nous autres anciens élèves de Twickenham ne pouvons avoir qu'un regard condescendant sur ce genre de rumeur – que d'ailleurs nous ne colportons jamais. Bref, nous étions tous là réunis en conclave solennel quand des cris confus s'élevèrent de la chancellerie où Trampelvis recevait pour ainsi dire le premier coup d'estoc. Il s'ensuivit un moment de silence : Valerian s'éclaircit la voix et allait repartir de plus belle quand nous parvint un bourdonnement suivi d'un piétinement rapide. Je n'aurais pas cru Drage capable d'une telle pointe de vitesse. Il bondit dans la salle, peut-être avec la vague idée de lancer un avis de tempête ou de sauver son chef. Mais c'était trop tard. Elles étaient sur nous en un nuage dense, volant très bas, dard au vent. La confusion était indescriptible. Avez-vous jamais vu des abeilles plongeant en vague d'assaut, mon vieux ? Les avez-vous jamais senties remonter votre pantalon, descendre dans votre col, plonger dans votre gilet ? Il faudrait des nerfs d'acier pour ne pas hurler. À en juger par les bruits que nous commencions à émettre, de toute évidence les nerfs des diplomates ne sont pas tant faits d'acier que de raphia. Les gens commencèrent à se battre comme de vieux tapis. Polk-Mowbray, après un cri plaintif de « Mes abeilles ! », s'empara d'un pique-feu et se mit à jouer les Don Quichotte s'attaquant à un groupe particulièrement irritant de moulins à vent. Drage entonna des hymnes religieux gallois ponctués de feulements et d'une série de sauts qui semblaient involontaires. Je me cachai pour ma part dans les rideaux et j'exterminai les abeilles du mieux que je pus. Le plus terrible ce fut que la reine (j'imagine que c'était elle) fonça tout droit sur la barbe théâtrale de Lord Valerian qui n'avait pas encore pleinement appréhendé la situation. Baissant les yeux, il les vit avec une horreur grandissante qui grouillaient allégrement dans les poils, avec l'intention évidente de s'installer là. Il était trop pétrifié pour faire un geste. Je crois qu'il s'aspergeait la barbe d'eau de Portugal avant les réunions : cela avait dû attirer la reine. Rappelez-vous que tout cela se passa en un clin d'œil. Polk-Mowbray, partagé entre le remords et la sollicitude pour Valerian, était presque hors de lui : aucun sacrifice, estima-t-il, n'était trop grand pour rétablir la situation. Dans un vaillant élan, il saisit les grandes cisailles du jardinier posées sur la cheminée (triste relique du temps où il jouait avec des bouts de ficelle) et d'un coup viril mais qui manquait un peu de précision… dépouilla le président tout à la fois de sa barbe et de sa cravate d'Eton… Je ne saurais dire que cela améliora l'humeur de Valerian, pas plus que son aspect physique : Polk-Mowbray l'avait assez vilainement cisaillé. Mais c'était fait. Les blessés durent se retirer à l'office pour se faire appliquer une compresse d'hamamélis. Les abeilles, ayant achevé leur méfait, s'envolèrent par la fenêtre pour s'engouffrer dans le ministère des Affaires étrangères sur le trottoir d'en face. Je n'attendis pas de voir la suite des événements. J'étais si reconnaissant de sortir de cette aventure indemne que je regagnai à pas de loup mes bureaux et que je sonnai le maître d'hôtel. Je dois avouer que je commandai un scotch et soda, plus tassé que d'habitude. Je serais même prêt à reconnaître (sous la contrainte et *sotto voce*) qu'on aurait pu distinguer sur mes lèvres un sourire fugitif. Je n'étais pas tout à fait mécontent, mon vieux, de la méthode employée par Polk-Mowbray pour faire son affaire à une cravate d'Eton. À mon avis, il n'y en avait pas d'autre. Était-ce trop espérer, me demandais-je, que cela pût se généraliser ?

VII. Quand on crie au loup

— Le cas de Wormwood, dit Antrobus d'un ton grave, mérite réflexion.

Il parlait de son ton pontifiant habituel, mais je voyais bien qu'il était sincèrement troublé.

— Il mérite qu'on y réfléchisse, poursuivit-il, car il illustre mon affirmation selon laquelle personne ne sait vraiment ce que pense quelqu'un d'autre. Wormwood était attaché culturel à Helsinki et il nous terrifiait tous. C'était un garçon maigre, taciturne, la peau tannée comme du cuir, et il portait un bouc. Il avait écrit deux ou trois romans d'une obscurité si accablante qu'à la chancellerie ils nous inspiraient un terrible complexe d'infériorité.

— Il ne parlait jamais.

— Il poussait ce total mutisme à un point tel qu'il en dépassait presque les limites des convenances. Le corps diplomatique tout entier tremblait devant lui. Un long regard filtrant de ses yeux froids comme des cailloux suffisait à dompter même la vive et charmante Mme Abreyville connue pour son habileté à mettre en valeur les timides. Elle commit l'erreur de tenter l'aventure avec Wormwood : il la dévisagea d'un regard implacable. Pleine de confusion, elle tremblait de la tête aux pieds. Après cette défaite, nous allions tous nous mettre à l'abri en le voyant arriver.

» L'hiver, juste avant qu'il fût nommé à Prague, je tombai sur lui lors d'une réception : me trouvant coincé derrière le piano sans espoir de m'échapper, je m'éclaircis la gorge (j'avais bu trois Martini) et déclarai sur un ton que j'espérais agressivement jovial : « À quoi peut bien penser un romancier dans ce genre de soirée ? »

» Wormwood me contempla si longuement que je me mis à avaler et à avaler encore ma pomme d'Adam comme je le fais toujours quand je suis décontenancé. J'étais sur le point de sortir par la fenêtre dans un parterre de fleurs pour revenir par la grande porte quand il… mais oui, quand il m'adressa la parole. « Savez-vous ce que je fais ? demanda-t-il avec un sifflement sourd et malveillant.

— Non, répondis-je.

— Je joue à un petit jeu dans mon esprit, dit-il.

» Il arborait une expression résolument sinistre et meurtrière.

— J'imagine que je suis dans un traîneau avec tout le corps diplomatique. Nous fonçons dans la steppe, poursuivis par des loups. Comme ils ne cessent de gagner du terrain, il faut de temps en temps jeter un diplomate par-dessus bord pour permettre aux chevaux de reprendre quelque distance. Qui jetteriez-vous aux loups en premier… et puis en second… et puis en troisième… ? Regardez donc autour de vous. »

» Son ton était si inquiétant, si féroce et si péremptoire que j'en sursautai. Plus pour me prêter à son jeu qu'autre chose, je dis : « Mme Ventura. » C'était un assez gros morceau d'ambassadrice, qui convenait parfaitement à une faim de loup. Il plissa la lèvre. « C'est déjà fait », fit-il d'une voix basse et rauque. Toute la mission italienne y est passée – y compris les gosses.

» Je ne savais pas trop quoi dire.

« Euh, et notre chancellerie ? demandai-je nerveusement.

— Oh ! il y a longtemps qu'ils sont partis, dit-il avec un profond mépris. Ils ont tous été dévorés – vous y compris. » Il exposa brièvement une rangée jaunissante de dents pointues comme celles d'un rat, puis les rengaina dans sa barbe. Je me sentais fichtrement mal à l'aise et je me surpris à me gratter le nez.

» Je fus soulagé d'apprendre qu'il avait été nommé ailleurs.

» C'est alors, mon vieux, que survint une série d'étranges événements. L'hiver suivant à Prague – c'était ce terrible hiver de 1937 où les meutes de loups s'étaient aventurées jusque dans les faubourgs – vous vous rappelez peut-être que deux gardes de la chancellerie et un employé du Chiffre ont été dévorés par des loups ? Ils étaient, semble-t-il, partis faire une promenade en traîneau avec le premier attaché culturel. Quand je lus les articles dans la presse, cela éveilla des échos dans mon cerveau. Un souvenir à demi oublié… cela me tracassa jusqu'au moment où je pris l'annuaire du Foreign Office pour regarder qui appartenait à la mission de Prague. Wormwood en faisait partie. Voilà qui me donna matière à réflexion.

» Le temps passa et, pendant près de dix ans, je n'entendis plus parler de Wormwood. Puis on rapporta que des loups avaient mangé l'ambassadeur d'Italie sur la route de Trieste à Zagreb en plein hiver. Vous vous souvenez ? La victime cette fois était en voiture. Pas besoin de vous dire qui était au volant : Wormwood.

» Puis, de nouveau, une longue période de temps s'écoula sans aucune nouvelle de lui. Mais hier…

À ce point de son récit, la voix d'Antrobus se mit à trembler et il tira une grande bouffée de son cigare.

» Hier, j'ai reçu une longue lettre de Bunty Scott-Peverel, qui est chef de la chancellerie à Moscou. Elle contient un passage que je veux vous lire. Voici : « Nous venons de recevoir un nouvel attaché culturel : un assez drôle de type, un écrivain, je crois. Une grande barbe épanouie, des lunettes à monture métallique : lugubre comme tous les intellectuels. Il a pris une *dumka* à une trentaine de kilomètres de Moscou où il compte recevoir somptueusement. D'ordinaire ces pavillons de chasse ne sont ouverts qu'en été. Mais il compte s'y rendre en *droshky* et il est en train d'en faire construire une assez grande, dit-il, pour transporter tout le corps diplomatique qu'il invitera à sa pendaison de crémaillère. C'est une idée assez originale : nous attendons tous avec impatience que soit terminé ce géant parmi les *droshkis*. »

» Vous comprendrez, fit Antrobus, le frisson d'horreur qui m'a parcouru à la lecture de cette lettre. J'ai longuement écrit à Bunty, pour lui exprimer mes craintes. J'espère que ma lettre lui parviendra assez tôt pour éviter ce qui pourrait bien être le premier pogrom dans l'histoire de la diplomatie. J'espère qu'il tiendra compte de mes avertissements. Mais, je ne vous le cacherai pas, je suis inquiet. Chaque matin je parcours avec anxiété les journaux. N'est-ce pas le *Telegraph*, par hasard, qui dépasse de la poche de votre imperméable ?

VIII. La Valise

— S'il y a quelque chose de pire qu'un soprano, observa judicieusement Antrobus tandis que nous descendions le Mall en direction de son club, c'est un mezzo-soprano. Un glapissement plus bas dans la gamme, peut-être, mais d'une intensité plus forte. Ce n'est pas seulement de la petitesse d'esprit, mon vieux. Je porte encore les stigmates de cette expérience spirituelle. Je ne plaisante pas.

C'est vrai qu'il avait l'air sérieux : c'est toujours le cas avec lui. L'aura du Foreign Office lui colle à la peau. Il brandit son parapluie, changea de pas et continua sur un ton plus bas, plus confidentiel.

— Et je peux vous dire encore ceci : s'il est une chose vraiment discutable dans le caractère français, c'est cette passion pour la culture. Je n'oserais peut-être pas dire ça au Foreign Office, mon vieux, mais je sais que vous ne trahirez pas ma confiance. Voyez-vous, nous sommes tous censés être plutôt pour que contre dans la maison – mais, quant à moi, franchement j'ai horreur de ça. Ça m'exaspère. Ça m'embête carrément, je n'ai pas honte de l'avouer.

Il prit une profonde inspiration et reprit au bout d'un moment d'un ton plus pensif, puisant dans ses souvenirs de la Carrière :

— Les pires moments ont toujours été culturels plutôt que politiques. Comme cette horrible histoire de la Valise, connue en privé des membres du corps diplomatique comme *la valise diplomatique extraordinaire*. Je ne vous en ai jamais parlé ? Elle était l'épouse de De Panier, l'ambassadeur de France en Bulgarie.

— Non.

— Voulez-vous que je vous la raconte ? Vous allez en frémir.

— Allez.

— Eh bien, c'est arrivé alors que je servais en Bulgarie voilà quelques années : un endroit épouvantable plein de gens épouvantables. C'était l'habituel poste derrière le rideau de fer où le Foreign Office avait exposé son ventre mou et blanc en la personne de Smith-Cromwell. Oh ! ce n'était pas un mauvais bougre. En fait, il était très intelligent et il avait fait partie de l'équipe de fléchettes de Cambridge. Mais il se laissait facilement mener en bateau. Comme vous le savez, dans un pays communiste, le corps diplomatique se trouve coupé de tout contact humain. Il doit pourvoir à ses propres distractions, compter sur ses seules ressources. Et c'est généralement là que les ennuis commencent. C'est étrange, mais dans un poste comme celui-là, il ne faut jamais longtemps avant qu'un maudit Français (toujours un Français) ne pose le doigt sur le cran de sûreté de son revolver et ne se mette à introduire la culture dans nos existences. C'est inévitable.

» C'est ce qui nous advint à Sczbog. Au cours de mon second hiver là-bas, les Français envoyèrent un attaché culturel, arrivé tout droit de Montmartre. Un type qui ressemblait à un lévrier. Des yeux de braise. Des cheveux sales. Une poignée de main moite. Vous voyez le genre. Même pas marié à la femme avec qui il vivait. Un individu très douteux. Jusque-là tout avait été calme et raisonnable : le train-train habituel des réceptions diplomatico-mondaines entre collègues. Là-dessus, cet horrible type a lancé l'idée d'une conférence – une vraie conférence – sur un écrivain français du nom, si je l'ai bien compris, de *Flowbear*. Bien sûr, nous devions tous y assister pour soutenir les Français. Une histoire de réciprocité culturelle, vous comprenez. Mais, comme si ce n'était pas suffisant, ce misérable enchaîna avec une autre causerie sur un autre obscur écrivain français qui s'appelait, si ma mémoire ne me fait pas défaut, *Goaty-eh*. Je vous demande un peu, mon cher ami : *Flowbear ! Goaty-eh !* C'en était plus qu'un être normal pouvait supporter. Assis à l'écouter, je redoutais le pire. On aurait voulu le chloroformer. Bien sûr, comme tout le monde, j'affichais une expression d'extase raffinée mais, en mon for intérieur, j'étais en proie à un tourbillon d'appréhension. La culture, vous savez, ça se répand comme les oreillons, comme la rougeole. Avec ce genre de manifestation, en un rien de temps tout le monde risquait de se retrouver ayant perdu tout naturel. Toute culture corrompt, mon vieux, mais la culture française corrompt absolument. Je ne me trompais pas.

» Les échos de sa conférence s'étaient à peine éteints que je remarquai cet air épouvantable sur les visages des assistants. Chacun se mit à réfléchir à de petites tortures de son invention. Tout un hiver sans obligations s'étendait devant nous mis à part une fête nationale ou deux. De toute évidence, si Smith-Cromwell ne prenait pas une attitude ferme, le mal allait gagner du terrain. Hélas, il n'en fit rien. Au lieu de ricaner quand la Valise se lança dans une saison culturelle, il l'encouragea mollement : on l'entendit même observer que la culture était une bonne chose – pour l'attaché militaire.

» À cette époque, nous avions évidemment nous aussi notre responsable de la culture. Un nommé Gool. Et il en avait le physique. Certainement un type sorti de Harrow avec une mauvaise note en histoire. Mais jusqu'à maintenant nous tenions sévèrement Gool en main : il ne levait pas le petit doigt. Ça ne pouvait pas durer. Il allait bien dériver un jour ou l'autre. En moins d'un mois, il faisait cause commune avec son collègue français. Ils commencèrent à donner des conférences, séparément et ensemble. Ils faisaient des lectures avec accompagnement de contorsions. Ils ne nous épargnèrent rien : Eliot, Sartre, Emmanuel Kant – et comment s'appelle donc l'autre ? Le nom m'échappe. Je fis de mon mieux pour bloquer Gool et j'y réussis dans une certaine mesure en menaçant de le recommander pour l'ordre du British Empire. Il savait que ce genre de décoration ruinerait sa carrière et qu'il se retrouverait en poste à Java. Mais le temps de le réduire à merci, c'était trop tard. Le corps diplomatique tout entier s'était enflammé et brûlait d'une flamme ardente et, pis, la culture se répandait comme un feu de brousse.

» Alors, mon vieux, commença une série de soirées inoubliables. Chaque mission imaginait quelque contribution à ce festival. Les nuits devinrent de torturantes séances de pure poésie et de chanson. En une soirée nous ingurgitions un épouvantable opéra d'amateur monté par les Italiens, suivi sans entracte par un récital de chants tyroliens à vous briser les tympans, exécutés – c'est bien le mot – par des Suisses, déguisés en edelweiss. Là-dessus, la mission japonaise se déchaîna et donna un nô d'une obscurité fantomatique et qui durait sept heures. Le spectacle de ces petits diplomates jaunâtres au visage impénétrable, tous costumés en Mickey Mouse, mon vieux, il y avait de quoi faire tourner le lait. Et leurs voix nous vrillaient littéralement la tête. Ensuite les Hollandais, pour ne pas être en reste, décidèrent de s'octroyer la vedette avec un récital de poésie nationale donné par l'ambassadrice de Hollande en personne. Ce fut à ce moment que je commençai à rédiger dans ma tête ma lettre de démission. Ô Dieu ! comment pourrai-je jamais pardonner à Mrs. Vanderpipf (généralement la plus douce et la plus normale des épouses et des mères) de prendre la pose comme un grenadier à Fontenoy et, après un silence, de me déclamer d'une voix lente et grave – ô indiciblement lente et indiciblement grave – les premiers vers de Dieu sait quoi. Mon vieux, l'héritage culturel des Hollandais, ça n'est pas ma tasse de thé. Je le leur laisse. Qu'ils le savourent en paix si bon leur semble. Mais qu'on m'épargne des poèmes de cinq cents vers commençant par : « *Oom kroop der poop* ». Vous souriez, et je vous comprends : vous n'avez jamais entendu Mrs. Vanderpipf déclamer ces stances mémorables avec tout le morne feu de sa race. Écoutez plutôt !

Oom kroop der poop
Zoom kroon der soup
Soon droon der oopersnoop

» Et ainsi de suite. Vous voyez un peu ? Il y a peut-être quelque chose derrière tout ça : qui suis-je pour le dire ? Tout ce que je sais, c'est que c'était d'un pesant ennui. Surtout que de temps en temps elle s'interrompait afin d'en donner une traduction sommaire dans un anglais de cuisine à l'intention de Smith-Cromwell. Quelque chose comme ceci : « Notre poète national Snugerpouf, il dit Hollande vit à jamais, seulement, comment dit-on ? les héros de le sol jaillissent, oui ? » Il y avait de quoi avoir un arrêt cardiaque, mon vieux. Là-dessus, elle prenait une profonde inspiration et repartait de plus belle.

Oom kroop der poop
Zoom kroon der soup.

» Pendant des années, le seul souvenir de cette récitation me faisait perler la sueur au front. Vous devriez essayer vous-même un jour. Tâchez donc de répéter simplement « *Oom kroop der poop* » cinq cents fois d'une voix sourde. Au bout d'un moment, c'est comme du yoga. On a l'impression de basculer en arrière dans un espace noir et sans limite.

» À cette époque, Smith-Cromwell lui-même commençait à ressentir les premières atteintes du mal. Au cours de cette inoubliable soirée, il se pencha vers moi pour me chuchoter un message. Je voyais à ses yeux exorbités et aux veines qui palpitaient sur sa tempe qu'il était tendu. Il avait enfin découvert ce que veut dire le mot culture. « Si ça continue encore longtemps, siffla-t-il, j'avouerai tout. »

» Mais cela continua bel et bien : sans répit pendant tout un hiver. Je vous épargne la description des offrandes culturelles dont nous gratifièrent des tribus plus lointaines. Les Argentins ! Les Libériens ! Dieu du ciel ! Quand je pense aux Chinois, tous déguisés en abat-jour. Aux Australiens interprétant un opéra pour moutons. Aux Égyptiens ondulant et hululant en même temps… mon vieux, les mots me manquent.

» Mais la véritable créature démoniaque qui venait troubler notre paix, c'était la Valise. Chaque fois que la flamme de la culture vacillait, elle était là, prompte à la ranimer. Longtemps après qu'on eut en quelque sorte vidé le corps diplomatique et qu'il ne fut plus rien resté dans sa mémoire collective à l'exception de quelques comptines et peut-être un ou deux limericks un peu lestes, la Valise s'acharnait toujours. Elle se prenait pour une chanteuse. Elle avait toujours une partition sous la main. Une mezzo-soprano ne renonce jamais, mon vieux. Elle meurt debout, la bouche grande ouverte tendue vers les étoiles… C'est là que réapparut l'abominable attaché culturel. Ne voilà-t-il pas qu'il était pianiste : elle l'emmenait partout pour l'accompagner. Tandis qu'il labourait le piano, elle déchirait l'air de ses hurlements et chantait sans pitié. Comme elle chantait ! Toujours sans grand talent, me semble-t-il, mais avec une résonance à vous rendre malade qui pénétrait jusqu'au cœur de l'oreille. Ceux qu'une légère surdité obligeait à porter un appareil l'emplissaient d'un mélange de kapok pour ses récitals. Quand elle lançait une chromatique haute, je sentais les boutons de plastron vibrer. Domptés, nous restions assis à l'observer tandis qu'elle amorçait une montée de notes vers le voile du temple : ce fracassant *mi*, *fa* ou *sol* tout en haut de la gamme, je ne sais jamais lequel. On éprouvait ce serrement au creux de l'estomac qu'on ressent quand le chariot approche du sommet des montagnes russes. Aujourd'hui encore je me demande comment nous n'avons pas tous perdu la raison.

» Smith-Cromwell se repentait alors amèrement d'avoir au début encouragé la Valise, il cherchait désespérément un moyen de la faire taire. Tout le monde à la chancellerie avait les nerfs à bout. L'attaché naval en était arrivé à éclater en sanglots au cours des repas si l'on se risquait seulement à mentionner une soirée culturelle à venir. Mais que faire ? Nous nous raccrochions à n'importe quoi. De Mandeville, toujours plein de ressources, proposa d'inviter le corps diplomatique à une lecture par lui-même et son chauffeur des œuvres du marquis de Sade. Mais, à la réflexion, Smith-Cromwell estima que, bien qu'efficace, cela pourrait paraître discutable : on abandonna donc le projet.

» Je commençais à me sentir comme Titus Andronicus, mon vieux, quand le miracle se produisit. Jaillissant littéralement d'un ciel sans nuages, la Némésis intervint tout comme elle le fait dans les opéras comiques. La Valise avait toujours été quelque peu hirsute : arborant même fort distinctement un soupçon de moustache à la napolitaine. Mais aucun de nous ne soupçonna un instant la vérité. Or un jour après Noël, M. De Panier, son mari, arriva à l'ambassade en grande tenue et se jeta dans les bras de Smith-Cromwell, le visage baigné de larmes comme disent les Français. « Mon cher collègue britannique, déclara-t-il, je suis venu prendre congé. Ma carrière est absolument ruinée. Je quitte à jamais la diplomatie. J'ai donné ma démission. Je vais retourner à la fabrique de tapis de mon beau-père près de Lyon et commencer une nouvelle vie. Tout est fini. »

» Smith-Cromwell était bien sûr ravi à l'idée du départ de la Valise. Mais nous avions tous un faible pour De Panier. C'était un gentleman. Il ne lésinait jamais sur ses frais de représentation et nous servait toujours du vrai champagne au 14 Juillet. Puis ses dîners étaient des dîners, pas comme ceux des Suédois. Mais je m'égare… En réponse aux questions pleines de tact de Smith-Cromwell, De Panier ouvrit son cœur.

» Vous ne le croirez jamais, mon vieux. Vous allez penser que j'invente. Mais c'est aussi vrai que je suis devant vous. Il y a des moments dans la vie où le cœur s'élance vers le ciel comme l'alouette au lever du jour. Des moments où, comme une mélodie qui n'est pas de ce monde, l'idée vous traverse la conscience que Dieu existe vraiment, qu'il s'intéresse vraiment à nous. Mieux encore, qu'il se détourne de son chemin pour tendre une main salvatrice aux pauvres diplomates au bord du gouffre. Mon vieux, c'était un moment comme ça.

» La Valise était entrée à l'hôpital pour je ne sais quelle infection mineure qui défiait le diagnostic. Voilà qu'au cours d'une petite intervention, les médecins découvrirent qu'elle était *en train de se transformer en homme* ! Je sais bien que de nos jours cela devient un phénomène banal : mais à l'époque dont je parle, cela tenait du miracle. *Un homme*, par ma foi ! nous ne pouvions pas le croire. Cette vieille chenille était vraiment un des nôtres. C'était trop merveilleux ! Nous étions sauvés !

» Sauvés en effet. En quelques mois, la voix de la créature – ce maléfique instrument – plongea pour atteindre la basse. Elle se laissa pousser la barbe. Le pauvre vieux De Panier avait hâte de partir mais il devait attendre l'arrivée de son remplaçant. Le pauvre diable ! Il avait toute notre compassion avec ce prodige moustachu sur les bras. Mais il prit cela fort vaillamment. Ils partirent enfin, dans une voiture aux rideaux tirés, au cœur de la nuit. Ils seront plus heureux à Lyon, me dis-je, où personne ne se soucie de ce genre de chose.

» Et s'il supportait vaillamment cette infortune, il en allait de même de la Valise. Elle hantait les salles de concerts, mon vieux, en basse chantante et elle acquit une certaine célébrité. Smith-Cromwell dit qu'il l'entendit un jour chanter *Le Derrière de Londres* à Paris avec tout un orchestre, qu'elle faisait crouler le théâtre sous les applaudissements. Certaines des notes les plus basses faisaient encore légèrement vibrer les cendriers, mais ce n'était plus comme être prisonnier dans une soufflerie. Elle portait la barbe maintenant et une moustache en tire-bouchon. Elle avait une grande assurance. Il remarqua aussi qu'elle arborait une élégante paire de bottines à côtés élastiques. Et son nom de scène maintenant était Tito Torez. Elle et De Panier avaient divorcé en ce temps-là et elle s'était lancée dans une nouvelle carrière : elle régnait beaucoup moins par la terreur que jadis, s'il faut en croire Smith-Cromwell. Miséricordieuses sont les voies de la Providence !

» Quant à l'infortuné De Panier, il m'a dit qu'une fois le scandale apaisé, il avait repris du service. Il est actuellement consul général à Blue Springs, Colorado. On prétend que là-bas la culture ne tient pas une grande place : il devrait donc être un homme heureux.

IX. La main de fer

— Avez-vous jamais remarqué, dit Antrobus, que les gens prénommés Percy sont presque invariablement des imbéciles ? Peut-être le nom confère-t-il à ces malheureuses âmes une fatale instabilité. Peut-être le choisit-on comme étant celui qui convient le mieux à des créatures qui, dès la naissance, présentent tous les signes d'être des crétins pur jus… Quoi qu'il en soit, c'est ainsi. Lorsque j'entends ce nom, je sais que je n'ai pas besoin de regarder le visage. Je m'attends à des oreilles répandues aux quatre vents comme des feuilles de bananier. Des yeux sans éclat. Une bouche un peu baveuse. À des doigts comme des marteaux, etc. Tel est selon mon expérience l'aspect physique de tous les Percy.

» Percy, le second valet de pied de l'ambassade, ne faisait pas exception. À vrai dire, le qualifier de valet de pied, c'était faire insulte à ce qui est après tout un vrai *métier*. C'était une sorte de grouillot démodé avec le genre de visage comme on en voit sortir furtivement de cinémas louches : paresseux, lourdaud et prétentieux. Il passait des heures à remettre en place la mèche qui pendait sur son front dégarni et à lorgner complaisamment les femmes de chambre. Il tournait inlassablement en rond à bicyclette autour des parterres de fleurs jusqu'au moment où Polk-Mowbray (qui observait les oiseaux depuis son bureau) finit par en avoir le tournis et lui ordonna de mettre pied à terre. Il sifflotait avec une monotonie redoutable. Il mâchonnait du chewing-gum avec un mouvement rotatif écœurant à en retourner l'estomac du spectateur.

» Bref, quand Drage partit en congé, ce fut à ce jeune Quasimodo que l'on confia les arrangements domestiques de l'ambassade : voilà comment survint l'affaire de la main de fer. Normalement, Percy n'était jamais autorisé à toucher ni l'écusson de l'ambassade ni l'armure qui se dressait dans la salle de conférences et que nous appelions « le Chevalier blanc ». Pour ma part, j'avais cet objet en horreur même si Drage l'adorait. Il nous donnait toujours des frayeurs durant les conférences secrètes. Un jour la visière s'abaissa avec fracas juste au moment où Polk-Mowbray allait parvenir à une décision : nous sursautâmes tous sur nos fauteuils. Une autre fois, on vit de la fumée sortir en volute du casque et les cris « Espion ! » jaillirent aussitôt de toutes parts. C'était Trampelvis qui avait laissé tomber un mégot de cigare dans l'armure. Après cela, je l'avais fait déplacer dans l'entrée. Une fois par mois, Drage la démontait et en fourbissait chaque pièce.

Percy avait maintenant son œil glauque fixé sur « le Chevalier blanc » et à peine Drage avait-il tourné les talons qu'il s'attaqua aussitôt à l'objet.

» Il coiffait le casque et, à la nuit tombée, gargouillait devant la fenêtre de l'office pour effrayer les femmes de chambre. Il alla au crépuscule faire un tour sur sa bicyclette revêtu de la chose : il sortit par une grille et rentra par l'autre. Les sentinelles bulgares abasourdies s'en frottèrent les yeux. Elles n'ouvrirent pas le feu sur lui, je ne comprends pas encore pourquoi : un petit arpège à la mitraillette nous aurait épargné tant d'ennuis par la suite…

» Quoi qu'il en soit, ces stupides plaisanteries se poursuivirent jusqu'au jour où Percy rencontra son Waterloo. Après une apparition réussie dans le rôle du père de Hamlet, il regagna un jour l'office, haletant et joyeux, et entreprit de se dépouiller de son heaume et de sa brayette juste à temps pour aller servir le Martini d'avant le dîner dans le salon. Jugez de la surprise du pauvre niais quand il constata que le gantelet droit refusait de se dévisser comme prévu. Il eut beau le tordre et le tirer dans tous les sens : rien à faire. En un éclair il comprit qu'à moins de le découper suivant le pointillé, ce grotesque gant en cotte de mailles était avec lui pour la vie. Le bouton-pression ou le Dieu sait quoi était coincé contre l'articulation de la cubitière. Le premier signe que j'en eus, ce fut un bruit qui donnait à penser que quelqu'un s'efforçait de ferrer un fougueux cheval de trait dans la résidence : occupation rustique certes mais ne correspondant guère aux goûts de Polk-Mowbray. Ça n'avait pas l'air naturel. Cela n'était pas de *notre monde*. En écoutant plus attentivement, je crus entendre des gémissements humains : je ne me trompais pas. On lançait déjà un appel aux services d'un obstétricien diplômé.

» Percy sanglotait comme un âne, entouré de femmes de chambre effrayées. Il se rendait compte qu'il était puni par où il avait péché. Il était assis là sur le tabouret à trois pieds de l'office, le visage ruisselant de larmes et brandissant dans un geste de supplication muette cette coûteuse pièce de ferblanterie. « Malheureux idiot ! m'écriai-je. On vous a dit cent fois de ne pas toucher au "Chevalier blanc". » Je tirai, je m'escrimai : en vain. Le gant de fer était coincé comme une botte au pied d'un cavalier. On fit des suggestions aussi diverses que vaines. On se livra à des tentatives variées pour le débarrasser de son gantelet. En vain. Je l'emmenai à la chancellerie en quête d'un avis qualifié. Spalding essaya. De Mandeville essaya. Nous poussâmes, tirâmes, pesâmes à l'unisson. Percy sanglotait plus bruyamment que jamais. Mais la chose refusait de céder. Polk-Mowbray et ses deux archivistes firent leur entrée, intrigués par les rumeurs émanant d'une chancellerie généralement paisible. C'étaient là des renforts qui donnèrent un élan nouveau aux opérations de sauvetage. Polk-Mowbray se planta sur sa poitrine tandis que nous formions une chaîne humaine – comme un équipage halant une chaloupe. Nous essayâmes de lui arracher l'objet par la force. Rien à faire. Un peu plus et nous l'aurions déchiqueté : quelque articulation aurait cédé. « Inutile de hurler comme ça, dit Spalding agacé. Nous essayons seulement de vous aider. » Nous cessâmes de nous escrimer pour tenir une nouvelle conférence. Dovebasket convoqua les chauffeurs de l'ambassade et tint conseil avec eux. Des plans furent échafaudés, impliquant un matériel coûteux et bizarre : car ils projetaient en effet de se frayer un chemin avec une scie à métaux pour délivrer le malheureux. Mais ils l'entaillèrent. Polk-Mowbray tenta alors hardiment de marteler le gantelet avec une crosse de hockey pour le faire céder. Le bruit était assourdissant, le résultat nul. Je dois dire que ces ferronniers médiévaux connaissaient leur affaire. Il n'avait l'air de rien, ce vieux gantelet, mais Dieu sait qu'il tenait bien. Percy était maintenant complètement affolé et peut-être légèrement meurtri sur les bords. Nous l'abreuvâmes de gin pour le ragaillardir. Il était assis là dans le fauteuil tournant de Spalding, émettant de temps en temps un gémissement et buvant avidement. Parfois l'un de nous, saisi d'une idée neuve, s'avançait vers lui : là-dessus il pivotait farouchement pour éviter toute nouvelle souffrance. C'est ainsi qu'il assena à Butch Benbow un revers de son gant entre les deux épaules : notre redoutable attaché naval tomba comme un arbre abattu et resta là pour le compte. Encore un peu de gin, encore quelques gémissements. Nous semblions bien être dans une impasse. Le temps passait. On attendait des invités. « J'ai bonne envie de vous refiler le reste de l'armure et de vous renvoyer à votre mère par avion », s'écria Polk-Mowbray, fou de rage. Je compatissais.

» L'ennui, c'était que les Hollandais devaient venir dîner avec nous ce soir-là. Cela semblait toujours être le sort des Hollandais d'être invités les soirs de crise. Ce soir-là, c'était une vraie *kermesse héroïque*[1]. Dans ses meilleurs moments, Percy était un piètre maître d'hôtel mais, ce jour-là, il frisait carrément l'excentricité. Il déambulait dans la pièce en reniflant, à demi anesthésié par le gin et… enfin, vous imaginez le visage de nos invités quand une main gantée de fer surgit par-dessus leur épaule tenant une assiette à soupe. Ils ont certainement dû trouver qu'il y avait là quelque chose d'étrangement inquiétant. Manifestement ils mouraient d'envie de poser une question mais les lois de fer du corps diplomatique l'interdisaient. Ils continrent donc leur curiosité. Ils étaient superbes. En temps normal, Percy avait toujours le pouce qui trempait dans le potage : mais le pouce ce soir-là était en fer. Je frémis à ce souvenir. Pourtant, au prix d'un

1. En français dans le texte.

effort surhumain, nous gardâmes notre calme et nous discutâmes politique aussi tranquillement que nous le pouvions. L'entraînement tient bon. Bref, nous fîmes passer la chose. Je pense pourtant que nos hôtes se sentirent en présence d'une irrémédiable tragédie. Tandis que nous les raccompagnions jusqu'à leur voiture, ils nous étreignirent les mains avec une compassion silencieuse. Tout d'un coup, on se sentait de nouveau terriblement seuls – seuls avec la main de fer…

» Mon cher ami, tout le monde s'essaya sur cette maudite main : l'aumônier, les gens du Chiffre et pour finir le médecin de l'ambassade. Ce dernier voulait chauffer l'objet au chalumeau jusqu'au moment où le bouton-pression se dilaterait sous l'effet de la chaleur mais cela aurait provoqué l'incinération de Percy. À ce stade, bien sûr, peu m'importait ce qu'on lui faisait. Pour ma part, je lui aurais volontiers amputé le bras en partant juste au-dessus de la ceinture. Cependant on avait lancé un appel urgent au musée pour qu'un professeur d'armurerie vînt nous conseiller : mais le seul spécialiste en cotte de mailles disponible était en vacances en Italie. Il ne rentrerait pas avant deux jours. Deux jours ! Je sais que ça ne paraît pas beaucoup. Au milieu de la nuit Percy constata qu'il avait perdu toute trace de sensations dans le bras. Il n'avait plus que des fourmillements et des picotements. Il se redressa dans son lit, hanté par une terreur nouvelle. Il lui semblait que la gangrène s'était peut-être installée : il avait entendu le docteur marmonner quelque chose à propos de la circulation du sang… Il dévala l'escalier de la résidence en rugissant comme un lion et entra au pas de charge dans la chambre à coucher de Polk-Mowbray en brandissant l'objet. Notre estimé chef de mission, après la tension nerveuse de cette soirée, s'était couché de bonne heure et dormait du sommeil du juste. Tiré de son sommeil par cette apparition et incapable de comprendre un mot des propos désordonnés de Percy, il en arriva aussitôt à la conclusion purement intuitive qu'un incendie s'était déclaré dans les étages. Il ne lui fallut qu'un instant pour briser la vitre et presser le bouton d'alarme. Réveillés par cette fatale sonnerie, les pompiers de l'ambassade entrèrent vaillamment en action, dirigés par Morgan et Chower, en pyjama et casque d'acier. Comment Percy et son ambassadeur échappèrent à un bain de mousse complet cette nuit-là reste pour moi un mystère. Aucun des deux ne parut très cohérent au courageux petit groupe de sauveteurs qui traversait en trombe la salle à manger pour se précipiter dans l'escalier avec ses extincteurs.

» L'ordre enfin fut rétabli et on manda le docteur qui fit beaucoup pour apaiser les craintes de Percy. En revanche, il prit très au sérieux cette histoire de picotements et de fourmillements. Apparemment la circulation était gênée par le gantelet. Il fallait trouver un moyen pour maintenir chez Percy la circulation du sang jusqu'à l'arrivée de secours en provenance du monde extérieur. Comment s'y prendre ? En le tapant, s'il vous plaît, en le tapant constamment sur tout ce qui vous tombait sous la main, en le tapant jour et nuit pour empêcher la gangrène de s'installer. Je vous assure, mon cher ami, que cet épouvantable martèlement qui dura deux jours et deux nuits entiers aujourd'hui encore retentit à mes oreilles. Il tapait le gantelet sur les murs, sur la table de l'office, sur le plancher. Impossible de travailler ni de dormir. Une armée d'esprits frappeurs n'aurait pas fait moitié aussi bien. Bang, bang, bang… Tantôt lent et fort, tantôt creux et sonore, tantôt clair et bref. Jour et nuit, les bangs nous hantaient jusqu'à ce que, enfin, le professeur apparût. Nous le reçûmes avec des larmes de gratitude.

» Il jeta un coup d'œil à Percy et hocha la tête d'un air entendu. Apparemment, il savait tout de ces boutons-pression. Avec une plume il appliqua de l'huile d'olive sur les joints concernés, tapota à deux reprises avec son pince-nez et, presto, Percy fut libre. Cela semblait presque trop beau pour être vrai : tout ce silence ! Un soupir unanime nous échappa : un soupir comme je n'en n'avais et comme je n'en ai jamais entendu depuis lors sortir de la bouche d'un diplomate. Le silence enfin s'abattit sur nous, le silence d'une ambassade normale fonctionnant à sa vitesse de croisière habituelle. Nous n'étions plus dans les chantiers de Swindon. Pas davantage dans les forges de Sheffield. Ce n'était pas non plus un jamboree de chaudronniers à Manchester. Simplement l'ambassade de Grande-Bretagne comme elle avait toujours été, comme elle le serait toujours à l'avenir, espérions-nous. Mais, pour plus de sûreté, Polk-Mowbray fit retirer et renvoyer en Angleterre les bras de l'armure. On ne peut pas dire que cela améliora l'aspect du « Chevalier blanc » : mais on pourrait se demander si la chose même était possible.

X. Le secret du swami

— Je vous ai parlé, déclara Antrobus, de l'attaché naval et de son penchant marqué pour l'occulte ? Il me semblait. Je ne crois toutefois pas vous avoir jamais raconté l'affaire du swami. Eh bien, durant tout mon premier hiver, ce vieux Butch Benbow, comme nous l'appelions en plaisantant, travaillait comme un fou sur la réincarnation. Exercices respiratoires au bureau, strabisme sur commande pendant des heures d'affilée jusqu'au moment où son assistante était au bord de perdre la tête. Il avait même pris l'habitude de retenir son souffle durant les réunions de service les plus assommantes et d'expirer dans un grand sifflement. Ce n'était pas rassurant. Selon les dires de son valet, durant la pause du déjeuner, il s'asseyait souvent en tailleur sur la pelouse, un bégonia sur le nombril, pour méditer franchement et ouvertement : mais peut-être était-ce une exagération. En tout cas, il était sévèrement atteint et il poursuivait ses recherches avec une accablante ténacité. La ténacité figurait d'ailleurs clairement dans son horoscope, affirmait-il. Pas trace d'ivrognerie ni d'attentat à la pudeur : rien que de la ténacité. Vous savez, j'avais mes propres doutes quant à l'opportunité de tous ces efforts spirituels sur un tempérament qui, à mon avis, était davantage porté sur les spiritueux, mais… je me taisais. Même quand il se foula une côte, je ne dis rien. Puis, un beau matin, il entra dans mon bureau : je fus stupéfait de voir comme il avait changé. Il marchait comme un vieil homme brisé. Il était d'une pâleur de cendre. J'attribuai tout d'abord cet état au fait que nous avions tous dîné la veille au soir à la légation birmane où on avait servi du gibier saignant à vous faire sauter au plafond. Mais je me trompais.

« Antrobus, déclara-t-il, je suis perdu, mon vieux. Foutu. Mon fichu swami arrive par avion.

— Votre swami ? répétai-je.

Il hocha la tête et avala sa salive.

— J'ai pris des leçons de réincarnation par correspondance auprès d'un swami indien. Jusqu'à maintenant, il n'était qu'un numéro de boîte postale à Edgware Road. Un nommé Anaconda Veranda. Jusqu'à maintenant mon enseignement a été rudement fructueux. Mais je ne m'attendais pas à un télégramme annonçant qu'il venait me rendre visite pour étudier directement mon progrès spirituel. Il arrive cet après-midi.

— Eh bien, quel mal y a-t-il à cela ? dis-je, toujours optimiste. Je parie que vous êtes le premier diplomate à avoir son swami personnel. Tout le monde va être vert d'envie dans le corps diplomatique. »

» Il gémit et s'agita d'un côté à l'autre comme s'il tenait le rôle de la colique dans une charade. Il reprit :

« Mon cher ami, vous savez certainement que tous les swamis sont de petits hommes nus à lunettes qui se promènent avec une chèvre en laisse ? Qu'est-ce que je vais bien pouvoir faire de lui ? Je ne pourrai pas l'emmener à des cocktails avec les Français. Je deviendrais la risée de tout le corps diplomatique si l'on me voyait déambuler en compagnie d'un homme en pagne. La presse ne manquerait pas d'en faire état. Que dirait-on à l'Amirauté si on tombait sur une photo de moi dans la *Semaine maritime* ? Vous savez combien ces gens-là sont matérialistes. Ça voudrait dire être de nouveau affecté en Chine et mon foie ne le supporterait pas. »

» Je pris une profonde inspiration. Je commençais à comprendre son point de vue. Un pagne est un accessoire difficile à manier dans le milieu diplomatique : chez des esprits mal disposés, cela pourrait devenir une véritable arme secrète. Je réfléchis.

« Ah, dis-je enfin, vous n'avez qu'à essayer de vous en tirer d'une façon ou d'une autre. Affirmez que c'est un cousin de quelqu'un d'important comme Noël Coward ou Bruce Lockhart. C'est votre seule chance. »

» Mais il était plongé dans une profonde mélancolie et ce fut à peine s'il m'écouta.

« Ce n'est pas tout, reprit-il d'un ton lugubre. Je suis censé vivre de lait de chèvre : non pas de lait condensé avec un doigt de gin. Je n'ai pas pu me décider à avoir une chèvre à la maison : elles sentent si fort. Je m'attends à me faire vertement réprimander sur le plan spirituel quand il découvrira cela. Et franchement, Antrobus, je ne me vois pas essayer de le faire passer pour un parent, n'est-ce pas ? »

» Pour être franc, je ne le voyais pas non plus : mais que faire ? L'avion avait déjà quitté Londres avec à son bord le petit conseiller spirituel de Butch. Nous allions devoir affronter la réalité. J'avoue que mon cœur souffrait pour mon honorable collègue.

» Il était pâle à ce moment : il l'était encore bien davantage cet après-midi-là en montant dans la voiture officielle qui l'emmenait à l'aéroport pour accueillir son swami. Je ne le lui reprochais pas. Une sueur d'angoisse perlait en fines gouttelettes sur son front assez dégagé. Le pauvre diable se voyait coulé sur le plan mondain en même temps que fini sur le plan spirituel. Imaginez alors son soulagement quand il vit descendre de l'appareil non pas un Dravidien tout nu tenant en laisse une chèvre en quarantaine, mais le plus élégant et le plus charmant des princes indiens, habillé de vêtements superbement coupés, et arborant un turban orné d'une émeraude grosse comme un goitre. Anaconda Veranda était absolument délicieux, un homme du monde, un gentleman.

Butch faillit s'évanouir de gratitude en entendant son anglais parfait, raffiné, plutôt meilleur que celui de Butch. Pouvait-ce être là le swami dont il redoutait tant la visite ? Butch l'entraîna dans sa voiture en murmurant des prières d'action de grâces. Lorsqu'il arriva à l'ambassade avec son swami, c'était un autre homme. Il était gonflé d'orgueil, il exultait presque.

» Je dois dire que tout le monde trouva Veranda absolument délicieux. Comme nous tous, semblait-il, il était allé à Oxford : même si bizarrement personne ne se souvenait de lui. Mais il n'y avait pas à se tromper sur son accent. Loin de se retrouver au ban de la société, Butch devint rapidement l'homme le plus recherché du corps diplomatique. Tout cela à cause de son swami. Veranda dansait à ravir, il était modeste, intelligent, spirituel et charmant. Il jouait aussi divinement de la flûte, ce qui lui gagna les bonnes grâces de Polk-Mowbray. C'était même un esprit accommodant dans le domaine spirituel et il expliqua à Butch qu'à certains stades du développement spirituel, un petit doigt de gin s'impose : cela avait d'ailleurs l'approbation officieuse du dalaï-lama. Butch était en extase. Nous l'étions tous.

» Veranda faisait pas mal d'occultisme de salon : il fit tourner les tables et dit la bonne aventure jusqu'au moment où les dames du corps diplomatique furent presque folles de flatterie et d'appréhension. Il hypnotisa Drage et lui tira du nez toute une série d'œufs durs. Il prédit à Colin qu'il allait être nommé en Chine. Il révéla à Dovebasket l'ampleur de son découvert en banque à deux décimales près. Mon cher ami, c'était un homme *extrêmement doué*. En moins de rien, il amena la plupart des ambassadrices à réclamer ouvertement son instruction spirituelle tandis que les chefs de mission, fous de jalousie, câblaient à leur ministère pour qu'on leur expédiât à l'essai des swamis en fret avion. Polk-Mowbray conçut même l'idée de créer à l'ambassade un poste spécial de principal conseiller spirituel pour le confier à Veranda. Rien que pour le garder avec nous. Mais je crois que l'aumônier intervint et étouffa cette idée dans l'œuf. Après cela, Polk-Mowbray bouda quelque temps.

» Bref, pendant toute une saison, Veranda, pour notre plus grand orgueil, fut la vedette de notre petit monde. Il dînait ici, il dînait ailleurs. On le recommanda pour l'ordre du British Empire et pour la croix de guerre – ainsi que pour un tas d'autres décorations. Comme attraction mondaine, il n'avait pas son pareil : un véritable aimant humain. Cette gloire, bien sûr, rejaillit sur Butch. Il dut engager un secrétaire particulier pour tenir son carnet de rendez-vous maintenant gonflé et écarter les simples arrivistes d'une réponse civile mais sans appel. C'était un homme heureux.

» Mais voici venir le dénouement, ce que ce pauvre Polk-Mowbray appelle sans doute de nos jours « le grand nettoyage ». Cela se passa de façon tout à fait soudaine et élégante. Veranda, je dois le dire, s'était certainement livré à une étude attentive du corps diplomatique et de ses déplacements. Il choisit un de ces abominables ponts. Était-ce celui du 1er mai ? Où il pouvait être sûr que le corps diplomatique tout entier était assis sur une estrade au milieu de la grand-place de la ville, transpirant abondamment et assistant au défilé de l'infanterie. Oui, c'était magnifiquement conçu, superbement calculé. Il commença par emprunter la voiture officielle et une douzaine des valises en peau de porc de De Mandeville. Sans se presser, et avec ce sourire irrésistible qui lui avait valu tant d'amis et une telle influence sur tant de gens, il fit la tournée des ambassades, les vidant avec discernement et discrétion. Quelle sélectivité, mon vieux. Seul le meilleur semblait assez beau : de la joaillerie de choix comme les boutons de plastron de Polk-Mowbray, la tiare d'Angela… des trésors comme les dessins originaux de De Vinci à la légation d'Argentine, deux Tiepolo chez les Italiens, l'édition originale de *Hamlet* dans la bibliothèque de Spalding, les deux broches mycéniennes de la femme de l'ambassadeur de Grèce. Il prit même l'épée de cérémonie de Nelson qui était le seul vrai trésor que possédât Butch et dont il faisait toujours grand cas. Et, ses sacoches lestées de toute cette marchandise, le gaillard s'évapora, se volatilisa, se dématérialisa… Vous imaginez la scène, mon vieux. Quel coup de tonnerre ! D'abord, on ne voulait pas y croire. Si nous étions surpris ? Un coup de gaufrette nous aurait fait tomber. Que de têtes basses, que de regards sinistres. Le pauvre Butch se retrouva en pleine déprime – comme nous tous. Car ce redoutable invité avait fini par s'identifier totalement avec notre mission. Je ne sais pas comment nous vécûmes les quelques mois suivants. On ne retrouva jamais trace du swami de Butch, pas plus qu'aucun article de sa razzia culturelle. Sans doute ces trésors doivent-ils être en vente quelque part parmi les bazars de l'Inde. On frémit à cette seule idée.

» Butch mit des années à se remettre de l'épisode de son swami. Le pire de tout ce fut qu'il ne termina jamais son cours de réincarnation : le cœur n'y était plus. Il n'eut jamais non plus le courage d'essayer un autre swami. Et comme il n'a jamais maîtrisé les rudiments d'instruction militaire, il vit – d'après ce que me disent des amis communs – dans la terreur perpétuelle de se réincarner dans l'enveloppe d'un soldat.

Sauve qui peut !

I. Sauve qui peut !

— Nous autres diplomates, dit Antrobus, on nous habitue à être pleins de ressources, à jouer presque n'importe quel rôle dans la vie, à être à la hauteur d'à peu près toutes les situations : comment sinon pourrait-on faire face à tous ces étrangers ? Mais la seule chose à laquelle nous ne sommes pas préparés, mon vieux, c'est le sang.

— Le sang ?

— Le sang ! Oh, bien sûr, je songe à des cas exceptionnels, à des incidents hors du commun : mais ils ne sont pas aussi rares qu'on pourrait l'imaginer. Le vieux Gulliver, par exemple, fut invité à une exécution à Saigon et il estima que c'était son devoir d'y aller. Il en fut affecté de façon permanente : cela porta définitivement atteinte à sa faculté de concentration. Il penche la tête d'un côté, il a des tics, ses oreilles s'agitent. Pauvre homme ! Je ne saurais prétendre à une expérience aussi traumatisante que la sienne, mais je peux quand même en évoquer une qui fut presque aussi horrible. Imaginez qu'un beau jour on nous apporta un carton d'invitation parfaitement normal, sur lequel nous lûmes – avec des yeux qui s'agrandirent de stupeur – le texte suivant, ou quelque chose dans ce genre :

Son Excellence Hacsmit Bey et Madame ont le plaisir de vous inviter à la joyeuse circoncision de leur fils Hacsmit Abdul Hacsmit Bey. Jaquette et décorations. On servira des rafraîchissements.

» On imagine sans mal le long gémissement qui s'éleva dans la chancellerie quand on nous transmit cette information. Une circoncision ! Dans la joie ! Des rafraîchissements ! « Par Dieu, que voilà une étrange affaire ! » s'écria De Mandeville, et il avait raison.

» Bien sûr, l'ambassade en question était de date récente, le pays qu'elle représentait avait une étiquette qui devait encore beaucoup au folklore, mais enfin quand même… La solution évidente était d'invoquer une indisposition : ce que nous fîmes tous comme un seul homme. Mais nous n'avions même pas eu le temps de poster nos refus courtois et presque joyeux à ces aimables Kurdes que Polk-Mowbray convoqua une réunion générale à la chancellerie. Il était pensif, pâle et grave : Hamlet en personne. « Je suppose que vous avez tous reçu ceci », dit-il en brandissant un carré de bristol sur lequel le regard le moins observateur pouvait discerner la faucille et les minarets de l'écusson kurde surmontant quelque chose comme des huiliers croisés.

« Oui, répondîmes-nous tous en chœur.

— Je suppose aussi que vous avez tous refusé, poursuivit notre chef, et dans une certaine mesure, j'en suis heureux. Je ne veux pas voir les membres de ma mission acquérir le goût du sang… Ces choses-là sont contagieuses. Mais cela pose quand même un problème : les Kurdes représentent un petit pays jeune, bouillant et plein d'avenir, avec une économie qui décline rapidement et ils sont terriblement susceptibles. Il est inconcevable que le gouvernement de Sa Majesté ne soit pas représenté à cette cérémonie par au moins l'un de nous. Qui sait, d'ailleurs : ça pourrait être une réception intime, touchante, pittoresque, voire instructive. Mais il faut que *quelqu'un* soit là. Nous ne pouvons tout simplement pas ignorer les Kurdes dans le monde d'aujourd'hui. Imaginez qu'après cela ils votent contre nous à l'ONU. Vous comprenez ma position ? J'ai donc passé toute la nuit à me pencher sur cette affaire et – comme je n'ai personnellement pas le goût du sang – j'en suis arrivé à une solution parfaitement démocratique dont je sais que vous l'approuverez et dont j'espère que vous la respecterez. »

» Et derrière son dos apparut sa main gauche brandissant une poignée de pailles. « Nous allons tirer à la courte paille pour savoir qui nous représentera », s'exclama-t-il d'une voix perçante. Nous devînmes tous d'une atroce pâleur, mais que pouvions-nous faire ? C'était un ordre. Les yeux fermés, nos lèvres marmonnant une prière, nous tirâmes au sort. Et, bien sûr, cela tomba sur moi. Je tirai la courte paille.

» Je lâchai – je ne pus pas m'en empêcher – une exclamation consternée, un cri d'angoisse, devrais-je dire. « Sûrement, monsieur… » m'écriai-je. Mais Polk-Mowbray, le visage exprimant la plus vive compassion, me donna une petite tape sur l'épaule. « Antrobus, dit-il, je n'aurais pu souhaiter quelqu'un de plus fiable, de plus circonspect, d'un entrain sans défaillance, quelqu'un qui ne risque vraiment pas de s'évanouir. Je suis heureux – oui, heureux de tout mon cœur –, que le destin vous ait choisi. *Courage, mon vieux**[1]. »

» Tout cela était bel et bon. Je ne me sentais nullement flatté par tous ces éloges. Mes lèvres tremblaient, ma voix défaillait. « Il n'y a donc pas d'autre solution ? » me récriai-je dans mon angoisse, tournant mon regard vers un visage implacable. Apparemment, il n'y en avait pas. Polk-Mowbray secoua la tête avec une sorte de douce tristesse, comme une mère supérieure renvoyant une novice dans ses foyers. « C'est le destin, Antrobus », dit-il. Et je sentis comme un couvercle de cercueil se refermer sur moi.

» Je courbai les épaules et laissai mon menton tomber sur ma poitrine. J'étais un homme vaincu. Je

---

1. Tous les mots en italique suivis d'un astérisque sont en français dans le texte original.

songeai à ma vieille mère, veuve à Saint-Abdomen-des-Bois : que dirait-elle si elle savait ? Je songeai à bien des choses. « Bien, dis-je enfin. Ainsi soit-il. » Tout le monde, je dois le dire, se rasséréna, parut terriblement soulagé. En outre, les jours suivants, mes collègues me prodiguèrent toutes les marques de considération possibles. Ils s'adressaient à moi d'une voix étouffée, étouffée mais vibrante de commisération, comme si j'étais un invalide. Ils évoluaient dans mon bureau sur la pointe des pieds par crainte de troubler mes méditations. J'envisageai cent façons de me tirer de ce guêpier, mais aucune ne me semblait applicable. J'allai jusqu'à m'asseoir dans un courant d'air, dans l'espoir d'attraper une pneumonie. Je laissai entendre à la ronde que j'étais prêt à renoncer à ma loge au Bolchoï au profit de quiconque aurait la bonté de me remplacer : en vain.

» Enfin, le jour arriva. Je n'avais d'autre solution que de passer ma jaquette et d'arborer mes décorations. Enfin, j'étais prêt. Toute la chancellerie faisait la haie pour me serrer la main et me dire adieu. Polk-Mowbray avait mis à ma disposition la Rolls avec fanion et tout. « J'ai dit au chauffeur de prendre avec lui la trousse de premiers secours, dit-il d'une voix un peu rauque. Dans ces affaires-là, on ne sait jamais. » À l'entendre, on aurait cru que c'était moi qui allais être l'agneau du sacrifice. De Mandeville me fourra ses sels dans la main en me disant d'une voix étranglée par l'émotion : « Transmettez au petit Abdul toute notre sympathie. » Quant à Dovebasket, il insista pour que je prenne son Leica en me disant : « Essayez de prendre un gros plan. Le supplément illustré du *Sunday Times* réclame à cor et à cri des sujets nouveaux et ils paient des sommes extravagantes : je partagerai avec vous. Nous avons une chance sur un million de coiffer Tony au poteau. » Le petit salopard ! Mais j'étais trop brisé pour parler. Je lui rendis l'appareil sans un mot et, montant dans la voiture, lançai d'une voix affaiblie : « À l'ambassade kurde, Tobias. »

» Les Kurdes avaient tout arrangé avec beaucoup de goût, je dois le dire : toutes sortes de rafraîchissements à l'air des plus convenables étaient disposés sous un grand auvent au fond de la cour. Ce fut là que nous autres diplomates nous rassemblâmes. Je remarquai que la plupart des missions avaient envoyé des vice-consuls intérimaires, qui presque tous sentaient le cognac et avaient l'air pâles et tendus. Les Kurdes sont peut-être une jeune nation, mais ils m'ont l'air aussi rusés que certains de leurs aînés. La mission était sur son trente et un mais, dans un coin, trônant devant un guéridon couvert de redoutables instruments évoquant l'âge de pierre, se tenait un petit groupe d'hommes sinistres vêtus de couvertures de cheval de différentes couleurs. Ils avaient le crâne rasé, les gencives violacées et conversaient en échangeant des séries de cliquetis secs comme les *Bushmen*.

Des visages qui n'évoquaient rien tant qu'une mine de charbon à ciel ouvert. Ce devait être, me dis-je, le corps médical de l'ambassade kurde : les bourreaux. Mais où était donc la jeune créature en l'honneur de qui on avait préparé ces joyeux ébats ? Je m'enhardis à poser la question. « Ah ! s'écria l'ambassadeur, il va être ici dans une minute. Il est sur la route de l'aéroport. Il arrivait de Londres cet après-midi. » Cette réponse me surprit quelque peu mais… les Kurdes ont leur façon à eux de faire les choses. « Et, figurez-vous ! reprit le chef de mission en battant des mains, Abdul n'est au courant de rien. C'est une surprise, une petite surprise. Il va être ravi quand il va voir… » De la main il désigna le groupe des bourreaux. Allons, me dis-je, que ma joie demeure. Et j'essayai de puiser quelques forces dans un assez bon *rahat-lokoum* – des délices turques – que je découvris dans un coin. Après tout, on pouvait fermer les yeux, ou détourner la tête : on n'avait pas besoin de vraiment *regarder*, me dis-je.

» Par bonheur, mes craintes n'étaient pas fondées. Imaginez notre étonnement collectif quand Abdul arriva en bondissant sous la tente pour étreindre son père et sa mère : au lieu d'un bébé pleurnicheur, nous avions devant nous un robuste jeune homme de quelque vingt printemps arborant une superbe moustache et un air franc et ouvert. C'était lui la future victime ! Je dois l'avouer, son air franc et ouvert s'assombrit un peu quand il découvrit le motif de cette petite fête. Il se montra peu disposé à s'imprégner de toute la beauté de la cérémonie. N'en auriez-vous pas fait autant ? En outre, il arrivait tout droit d'Oxford où non seulement il avait obtenu une mention mais aussi décroché son diplôme de boxe. Son père et sa mère semblaient déconcertés et commençaient à insister, à supplier, en kurde évidemment.

» Mais il déclina respectueusement leur invitation, en multipliant les signes de désapprobation, les mains fermement croisées devant la partie de son anatomie visée par les bourreaux. Il secoua énergiquement la tête et ses yeux flamboyaient. Son père finit par perdre patience : il fit signe aux individus douteux massés dans le coin. Il allait le contraindre à se pénétrer de l'importance de la circonstance. Mais le jeune homme n'avait pas perdu son temps à Oxford. D'un direct du droit et d'un crochet du gauche, il en expédia deux au tapis. Les autres lui grimpèrent sur le dos. Une terrible mêlée s'ensuivit. Tournoyant comme une toupie, avec les Kurdes accrochés à son dos, Abdul faucha la moitié du corps diplomatique et renversa les tables du buffet. Puis, faisant machine arrière, il mit K O le poteau de la tente et tout l'édifice s'écroula sur nous dans un grand envol de tissus de couleur. Il y eut des cris, des hurlements… Je perdis mon haut-de-forme mais je parvins à ramper jusqu'à l'air libre. Je gagnai la grille d'entrée d'un pas mal assuré en appelant Tobias à tue-tête. Tout ce que je retirai de cette affaire, ce fut la boîte de délices turques que je partageai avec toute la chancellerie. Tout le monde était ravi : j'étais le héros du jour. Des compliments ? On me les prodigua à la pelle. Polk-Mowbray hésitait un peu sur l'impression que j'avais pu laisser mais, après avoir réfléchi quelque peu, il résuma fort sagement le problème. « Dans la diplomatie, déclara-t-il, il s'agit si souvent de *Sauve qui peut* !... »

II. Bonjour sur le Rialto

— Au bon vieux temps, dit Antrobus – je crois bien que c'était l'année où Mrs. Gaskell remporta le Nobel pour l'Angleterre –, la diplomatie était une profession calme et paisible pratiquée avec une reposante niaiserie dans une centaine d'officines abritant légations et ambassades réparties à travers le monde. Ce n'était guère plus éprouvant que la théologie pour un Écossais. Un doux regard attendri brillait dans les yeux du vieux diplomate, et pourquoi pas ? Forgé à Eton, passé par le moule de Baillol et ayant fini par acquérir un teint de vieille brique quelque peu rougeoyant grâce à la grande tournée des postes, l'homme vivait comme un coq en pâte et il en avait conscience. Trié sur le volet, empaqueté comme il convenait, légèrement saupoudré d'hormones mâles, il était distribué à son poste sans trace d'une seule égratignure. En ce temps-là, il avait sa fierté. Il ne se rasait qu'avec du savon Yardley et se parfumait la barbe avec l'eau de toilette au citron vert de chez Trumper. Regardez-moi le changement aujourd'hui : des types aspergés de lotions après-rasage de basse qualité – et peut-être combustibles –, agrémentées de talc industriel. Mais ce n'est pas tout : comment le diplomate d'aujourd'hui a-t-il acquis son air hâve et furtif ? Je vais vous le dire.

» C'est arrivé avec la Chute. Un beau jour, le dragon sommeillant au cœur du Service du personnel s'éveilla et rugit : « Qu'on nomme la femme à de hautes fonctions. » Une femme, Dieu du ciel ! C'était la fin, mon vieux, et nous le savions tous. Nos oreilles reculèrent et restèrent plaquées contre notre tête. Sur tous les téléphones intérieurs du ministère, des conciliabules urgents se déroulèrent. Une centaine de voix soulevèrent des protestations. On élabora toutes sortes de plans pour étouffer le projet dans l'œuf. D'aucuns envisagèrent même l'assassinat de Gavin Pyecraft, qui avait conçu cet abominable projet. Il avait toujours été déséquilibré – l'influence du lycée. Une sorte de mystique. Il aimait la crème anglaise sur ses pruneaux. Mais, malgré tous nos efforts, l'idée prit corps et se répandit. La pourriture gagna les rives étrangères également. Et se propagea comme la grippe espagnole. Elles furent d'abord nommées vice-consuls – un titre qui leur allait assez bien – puis chargées de presse et enfin ambassadrices.

» Ce qui m'amène à l'événement qui va, je l'espère, illustrer mon propos. Les Français envoyèrent en Bulgarie une femme ambassadeur : une jeune et belle veuve, légèrement moustachue, avec des toilettes d'un froufroutant un peu précaire et une voix terriblement alanguie qui vous faisait monter sur la pointe des pieds. La mission vacilla naturellement sous le coup, mais que pouvait-on faire ? On entendait racler les gorges sur son passage. Elle avait, mon vieux, la « superbe démarche de la nuit », pour citer quelqu'un qui aurait dû faire attention à ce qu'il écrivait : un pas souple et léger, comme si elle était montée sur roulement à billes. Cela rendait difficile le démarrage des conférences. Elle avait une telle collection de chapeaux différents : la façon, rien que la façon dont elle acceptait un mémo de la main tremblante d'un chef de chancellerie, le faisait s'embraser comme un volcan.

» Tout aurait pu bien se passer – mais, à la réflexion, comment la chose était-elle même possible ? – si le destin ne nous avait envoyé à ce moment Bonzo di Porco comme chef de la chancellerie à l'ambassade d'Italie. Bonzo était né pour être le rival de De Mandeville. Vous n'avez jamais rencontré Bonzo, n'est-ce pas ? Certes, tout détail technique mis à part et absolument sans préjugé, c'était un étonnant petit *numéro**. Il prétendait à plusieurs titres de prince et de comte. Ses sous-vêtements étaient parsemés de couronnes. Il roulait dans une Hispano-Suiza couleur crème deux fois plus grande que la Rolls de De Mandeville. Son chauffeur était habillé comme Robin des Bois et d'un gabarit hors normes lui aussi. Enfin ! On peut comprendre que De Mandeville se soit senti humilié. Évidemment, les deux hommes étaient bien élevés, dans un style tout à la fois nerveux et médiocre, et peut-être les lois de fer du service diplomatique auraient-elles pu empêcher une rupture ouverte – s'il n'y avait pas eu la femme.

» Elle se mit à flatter Bonzo : elle lui faisait faire étalage de ses talents là où quelqu'un de plus intelligent aurait pu le persuader de ne pas les prodiguer à l'excès. Par exemple, il jouait de la flûte mieux, plus fort que De Mandeville. Sa moue était celle d'un professionnel, ses soupirs sereins et non pas vacillants comme ceux de son rival. Ajoutez à cela qu'il était éblouissant au badminton. Qu'il avait jadis eu la lèpre… Oh ! je sais qu'on pourrait énumérer inlassablement les qualités de Bonzo. Mais elles ne réussissaient qu'à amener De Mandeville à se ronger les ongles jusqu'au vif et à donner littéralement des coups de pied à son chauffeur. À Oxford, Bonzo avait obtenu la mention bien pour *La Fabrication des abat-jour* alors que le pauvre De Mandeville avait dû se contenter d'un modeste troisième prix pour une *Comparaison des rouges à lèvres*.

» Le premier round s'ouvrit sur quelques vantardises et rodomontades d'un assez haut niveau intellectuel : une fois de plus à propos de qui vous savez. Là où vous avez des Français, vous voyez bientôt s'insinuer la culture. (« Pourquoi, eut-elle le toupet de me demander *à moi* un jour, aimez-vous Racine ? » Ce à quoi je ripostai sur-le-champ : « Madame, je ne joue jamais aux courses. »)

» Bref, Bonzo nous annonça qu'il était le seul prince de la chrétienté doté d'une dispense particulière lui permettant, s'il le souhaitait, d'entrer à cheval dans la cathédrale de Milan. Mais il ne le souhaitait pas, ajouta-t-il modestement. Quinze à rien. Là-dessus, De Mandeville déclara qu'il avait un billet de l'intendant Fouquet l'autorisant à entrer à quatre pattes dans la salle de la machine de Marly, si l'envie l'en prenait. Quinze partout. Quant à la dame, elle continuait à les prendre au piège de son *Veni, vidi, vici*. Elle avait une indéracinable habitude de vous tapoter sur les lèvres avec son éventail replié qui lui gagnait tous les cœurs. Les gens faisaient la queue pour se faire tapoter les lèvres, mais aucun avec plus d'ardeur que Bonzo et son rival. Vous auriez dû les voir avançant leurs petits visages – comme une paire d'oies chinoises primitives. Quand ils se rencontraient à sa table, même si c'était l'occasion d'un envol intellectuel bourré d'allusions, les choses prenaient une tournure de plus en plus marquée d'acrimonie. De Mandeville se lança dans une guerre de citations qui harassa le flanc de son ennemi jusqu'au moment où Dovebasket lui chopa son *Dictionnaire des citations* pour le vendre discrètement à Bonzo. Pour vous donner un simple exemple, De Mandeville disait que, quand Shakespeare écrivait d'un personnage qu'il était « plus enclin à l'infraction qu'à l'observance », il pensait assurément à quelqu'un comme Bonzo. Trente à quarante. Bonzo répliqua que le poète Wordsworth avait écrit :

Un vaurien au bord de la rivière
N'était pour lui qu'un simple vaurien.

» Et de toute évidence il pensait à quelqu'un du genre de De Mandeville. Égalité.

» Cela ne pouvait finir que d'une façon. Un beau jour, au cours d'une soirée culturelle à l'ambassade des mangeurs de grenouilles, ils en arrivèrent à un affrontement flagrant pour savoir qui allait tourner les pages de la partition de la dame. On se tira par la manche, on se bouscula. Je vous prie de me croire quand je vous dis qu'on frôla le coup fourré. Chacun saisit la cravate de l'autre en tapant du pied. La dame s'évanouit d'émotion et, la plantant là comme une quille renversée, ils sortirent en trombe dans la nuit, chacun dans une direction différente.

» Là-dessus, De Mandeville dit que cela ne pouvait pas durer. Il déclara que le monde n'était pas assez grand pour lui et Bonzo : l'un d'eux devrait disparaître. De Mandeville faisait de sombres allusions à un duel au pistolet mais, quand Dovebasket en trouva une paire, il manifesta extrêmement peu d'entrain à les toucher. Dovebasket consacra toute l'abominable puissance de son mauvais génie à amener ces deux frénétiques au point d'explosion mais, semble-t-il, aucun d'eux ne voulait prendre l'initiative. Dovebasket leur envoya à maintes reprises à l'un et à l'autre des défis signés du nom du rival dans un louable effort pour amener la situation à mûrir de façon fructueuse. Mais non. On ne sait comment, ils s'arrangeaient toujours… Cela dit, je me demande ce qu'on pourrait imaginer comme armes pouvant convenir à un tel combat singulier. Des seringues ?

» Pourtant Dovebasket n'en avait pas fini. Il avait récemment vu un opéra italien et il avait été très frappé par la présence en scène durant toute l'action de quelques joyeux drilles : ils ne paraissaient pas avoir d'emploi stable, pas de domicile fixe et ils semblaient rôder avec de vilaines intentions. Tout ce qu'ils faisaient, à l'occasion, c'était de trancher une gorge sur demande moyennant versement d'une somme dérisoire : quelque chose comme le prix d'un changement de garniture dans un restaurant. Ils n'avaient pour clients que des personnages haut placés et qui espéraient hériter des gens dont la carotide avait été tranchée par cette petite bande de joyeux lurons : ces *bravos*, car c'est le mot qu'on emploie pour les désigner. Dovebasket fut charmé par une profession si… comment dirais-je ? Bref une profession qui diffère légèrement de la diplomatie. Il persuada De Mandeville que la race des *bravos* n'était absolument pas éteinte et que Bonzo en disposait de plusieurs à sa solde dans son ambassade. Lui, De Mandeville, serait bien avisé de faire attention. Il tint les mêmes propos à Bonzo et, pendant quelque temps, aucun d'eux n'osa sortir une fois la nuit tombée. Il n'y avait plus qu'un pas à franchir pour persuader les deux hommes de verser une grosse somme à deux gardes de la chancellerie pour leur servir de gardes du corps. On entreprit alors de les armer chacun jusqu'aux dents avec un pistolet à air comprimé. Dovebasket touchait un pourcentage. Mais il n'en avait pas encore fini.

» Vint le jour du fatal bal costumé organisé par les Norvégiens qui ne se doutaient de rien. À la chancellerie, nous avions poussé des gémissements en lisant les précisions données sur le thème de la soirée : « Une soirée de carnaval au seizième siècle. » Les gémissements étaient unanimes. Cela voulait dire qu'une fois de plus il nous faudrait emprunter des costumes à la garde-robe de l'Opéra national. Venise ! De Mandeville tricotait avec acharnement tout en se demandant s'il ne pourrait pas se faire porter jusqu'à l'ambassade allongé au fond d'une gondole, et drapé dans une cape ? Il caressait cette idée et m'en expliquait les mérites – Bonzo n'imaginerait jamais rien de pareil – quand Rosencrantz, je veux dire Dovebasket, vint lui murmurer quelque chose à l'oreille. Ce qu'il lui dit le fit quelque peu pâlir. Bonzo apparemment s'apprêtait à pousser les choses très loin : ses *bravos* avaient ordre d'éliminer De Mandeville pendant le bal masqué. « À votre place, fit Dovebasket, je ne ferais certainement pas un pas sans mes propres *bravos*.

— Mais c'est un bal costumé !

— Alors eux aussi seront costumés et armés. Je veillerai à ce qu'ils aient chacun au moins une épée et un bouclier – sinon un bassinet réversible.

— Pourquoi réversible ?

— Pour recueillir le sang.

— Je vois. »

» De Mandeville était blême. Dovebasket s'éclipsa pour avoir avec Bonzo une conversation téléphonique et lui tenir le même langage : il lui donna la chair de poule à l'idée que De Mandeville et ses deux *bravos* avaient décidé de le supprimer. Lequel aurait l'autre le premier ? Là était la question, si vous me comprenez. Comment faire ?

» Venons-en donc à notre fatale soirée. Il faut imaginer le spectacle que nous offrions : un groupe plutôt apathique d'hommes aux accoutrements étranges, revêtus de tenues somptueuses mais légèrement fatiguées susceptibles d'évoquer Venise. Des culottes bouffantes que nos robustes ancêtres appelaient je crois des « hauts-de-chausses » : deux cents pièces d'alépine pour chaque plissé. Ajoutez à cela des brayettes vernies avec porte-épée incorporé et peut-être un ou deux fichus de calicot. En outre, nous étions tous masqués et nous portions sur la tête ces étranges chapeaux qu'on distribue, semble-t-il, gratuitement à quiconque a soutenu une thèse de doctorat de littérature à Oxford. Des abat-jour, mon vieux, des éteignoirs.

» Bref, nous étions tous là, après avoir écouté quelques mesures d'une insipide musique de chambre, quand le courroux du Seigneur s'abattit. Tout d'un coup Dovebasket, sans crier gare, dégaina un sabre d'abordage en parfait état, poussa un terrible grognement de mastiff et en porta un coup terrible… je rougis de le dire… à son vieil ambassadeur innocent et chenu. « Expiez vos péchés, Mowbray », cria-t-il en assenant son coup fatal. Enfin, pas tout à fait fatal. Quand il s'agissait de ses propres intérêts, Polk-Mowbray pouvait faire montre d'une stupéfiante rapidité. C'était l'intérêt public qui le rendait léthargique. Il avait passé une soirée charmante, toute d'amusements innocents, il admirait son costume qui lui donnait l'impression d'être le pacha de Hendon. Et voilà que soudain ce personnage apparemment pris de folie se jetait sur lui. Il faut lui rendre cette justice : le bond qu'il fit l'amena presque jusqu'au dessus de cheminée. Dovebasket pivota sur ses talons et s'adressa à l'ambassadeur américain : celui-ci poussa un gémissement terrifié. Il dégaina courageusement sa propre épée et para l'attaque du dément. Mais il dut promptement battre en retraite jusqu'à la balustrade donnant sur le jardin par-dessus laquelle il bascula dans un massif de fleurs. Il eut à peine le temps de demander ce qui au nom du ciel se passait avant de disparaître dans le vide. Les assistants stupéfaits tirèrent leurs épées de leurs fourreaux. Pour certains, ce ne fut d'abord qu'une plaisanterie, mais à peine avaient-ils commencé à ferrailler qu'ils devinrent mauvais. Les femmes se mirent à pousser des hurlements et se réfugièrent sous le piano. Ce fut très vite une mêlée générale et je décidai que le moment était venu pour moi de chercher le seul abri possible pour ce genre de soirée : les rideaux. C'est peut-être mon côté Polonius, son sort ne m'a jamais laissé indifférent. Bref… On entendait maintenant un redoutable fracas d'acier frappant l'acier, évoquant un festival de rémouleurs. C'est une grâce divine que personne en fait n'ait été blessé. Peut-être les épées venaient-elles du magasin des accessoires, ou peut-être les diplomates ont-ils la peau extraordinairement épaisse. Quoi qu'il en soit, à part l'aumônier qui fut cloué au piano à queue à travers sa culotte bouffante, il n'y eut aucun dommage : les gens commencèrent à se démasquer et la panique à s'apaiser. Seuls au milieu de la pièce, six personnages croisaient encore le fer : je supposai qu'il s'agissait de Bonzo et de De Mandeville, avec leurs *bravos* respectifs. La scène semblait de plus en plus animée et même riche de promesses. Très bientôt, pouvait-on penser, on allait voir quelques corps gisant sur le tapis dans une étrange immobilité : et l'un d'eux, Dieu soit loué, serait celui de De Mandeville. Mais non. Le Ciel intervint sous la forme du maître d'hôtel, Drage, une Bible à la main. Son regard expérimenté eut tôt fait d'embrasser la scène : d'une main exercée, il fit le seul geste qu'il y eût à faire. Il se baissa, tira le tapis, et les combattants, chancelant sur leurs pieds, s'écroulèrent, leurs chapeaux roulant sur le sol, leurs masques glissant sur leurs visages. Un singulier spectacle apparut alors aux yeux de l'assistance. Bonzo s'était battu contre ses propres *bravos*, tout comme De Mandeville. C'était un miracle que personne n'eût été touché. Ils étaient encore tous assis sur le parquet quand surgit cette femme ambassadeur qui, d'une voix de tonnerre, je veux dire comme le pépiement d'une grive, hurle, non, je veux dire gazouille : « Je vous ordonne de cesser. » Elle leur tapota les lèvres et ils restèrent sans voix. Elle exigea une réconciliation, et, en gémissant, ils tombèrent dans les bras les uns des autres. Ainsi se termina cette terrible épreuve.

» Je dois dire qu'après cela les choses allèrent un peu mieux. Les deux hommes poursuivirent comme il convenait leur carrière. Quant à la dame, elle fut, dit-on, affectée en Russie : elle emporta sa culture avec elle et connut là-bas un grand succès. Elle aimait le pays, les gens et le système à tel point qu'elle se fit nationaliser et qu'elle se consacra tout entière à une ferme collectiviste. Sans doute y est-elle encore aujourd'hui. Mais, si vous voulez mon avis, mon vieux, la place d'une femme a toujours été à la ferme.

III. Haute barbarie

— Ce que j'aime beaucoup, le deuxième samedi du mois, racontait Antrobus, c'est la petite promenade jusqu'au Strand pour une coupe de cheveux et un rafraîchissement de bon aloi *chez** l'excellent Fenner. Tout dans l'opération est rassurant, apaisant. Comme vous le savez, Fenner, avec sa grande barbe, est lui-même manifestement un mélange de l'image du bon vieux temps et du docteur Freud. Tout le ministère, à un moment ou à un autre, est passé par ses ciseaux habiles. Vous savez à quel point le Foreign Office témoigne d'une fidélité fanatique à la tradition : eh bien, Fenner, c'est une tradition. Tenez, la semaine dernière, quand Constance, l'épouse de Toby Featherblow, mit au monde son quatrième et qu'on s'aperçut que la petite créature était littéralement couverte de cheveux, ce fut chez Fenner qu'on se précipita pour lui dégager les traits du visage afin de pouvoir le déclarer à l'état civil. Sans cela, la mairie aurait pu refuser d'enregistrer ce qui était pratiquement un singe. Oui, on peut compter sur le vieux Fenner. Il ne flanche jamais devant la dure réalité.

» Quant au salon, avec ses palmiers en pot, ses miroirs peints, ses photographies de la Semaine de l'Aviron dans les années 1890, son imposant portrait de Gladstone vous fixant d'un œil sévère sous sa coupe de cheveux à la Fenner… qu'en dire ? Il rayonne des senteurs calmes et apaisantes de la lotion au laurier, du baume capillaire et de l'onguent folliculaire de Fenner mélangés. Je ne surprends jamais de propos malséants dans ce lieu. Rien que quelques savoureuses anecdotes sur la famille royale hollandaise, racontées dans un langage choisi. Fenner est très strict : je me souviens qu'un jour deux attachés militaires furent chassés de leur fauteuil pour avoir tenté d'échanger des tickets de pari mutuel. Fenner les accabla d'un mépris si cinglant que l'un d'eux éclata en sanglots.

» Mais l'on n'apprend à apprécier vraiment la valeur de cet établissement que quand on a été en poste à l'étranger : car ce n'est pas le moindre des périls pour le malheureux diplomate que d'affronter les risques de la barbarie étrangère. Mon cher ami, dès l'instant où l'on entre, on peut examiner du regard la rangée de clients assis et dire du premier coup d'œil où certains d'entre eux ont été en poste. L'étrange effet de goupillon de la coupe siamoise, par exemple, va prendre une éternité pour que les traces en disparaissent, et elle est facilement reconnaissable. En voyant la malheureuse victime, Fenner secouera la tête d'un air de commisération et dira : « Bangkok, j'imagine, monsieur ? »

» Le pauvre diable hochera tristement la tête, la lèvre tremblante. « Nous allons voir ce qu'on peut faire pour vous sauver, monsieur », déclarera Fenner. D'une seringue à air comprimé, il laissera échapper une giclée légèrement floconneuse qui tout aussitôt redonnera l'éclat de la santé au cuir chevelu malmené. Vous en avez fait l'expérience : vous comprendrez ce que je veux dire.

» Tout cela varie aussi selon le pays, tout comme les habitudes des divers artistes. En Italie, votre coiffeur aura tendance à chanter : dangereuse habitude et bien douloureuse pour qui n'a pas de sens musical. Il peut en outre ponctuer de gestes soudains sa petite aria et vous élaguer un lobe d'oreille d'un geste empreint d'une distinction sans effort. Pour ma part, je préférerais me laisser pousser les cheveux jusqu'au milieu du dos et les laisser pendre par-dessus le fauteuil, plutôt que de me fier à un Italien gagné par l'émotion de la cuisine à l'ail. J'ai vu la chose arriver. Un cousin de Polk-Mowbray arbore encore une oreille droite un peu entaillée. À vrai dire, il peut s'estimer heureux qu'il lui en reste autant : seule une brusque embardée l'a empêchée de disparaître totalement. Et on vous dira après cela que les diplomates ne vivent pas dangereusement !

» Dans des pays comme l'Allemagne, par exemple, on a de la chance de s'en tirer sans une carotide sectionnée. Quant aux Balkans, eux aussi ont leur méthode redoutable : j'ai connu des cas où les gens préféraient porter la barbe et la frange plutôt que d'affronter la réalité. Bien entendu, dès l'instant où ils obtiennent un congé, ils se précipitent chez Fenner, qui taille toute la broussaille et enlève sans se démonter tout ce qu'a pu attirer là l'électricité statique. Ce fut tout au moins l'excuse qu'invoqua Munnings-Mather pour expliquer les épingles à cheveux et les aiguilles de phonographe que Fenner découvrit dans sa barbe.

» Quant aux Français, ils me laissent positivement sans voix. Ou bien ils vous coiffent dans le *style pompier** en vous entassant tout ce ramassis sur le haut du crâne et vous lubrifient le tout au pistolet, au point qu'on laisse des marques sur le plafond de tous les ascenseurs qu'on emprunte. Ou bien ils vous gratifient d'une coupe au rasoir d'une telle frénésie ornementale qu'on a l'impression de sortir des mains d'un jardinier-paysagiste. Ils coupent dans la masse comme si c'était du fromage. Non. Non. Je vous laisse Paris. Permettez-moi de garder ma modeste coupe de cheveux et mon style bien-dégagé-derrière-et-sur-les-côtés : la coupe Fenner – millésime 1904 –, voilà ce que j'aime.

» Figurez-vous qu'un jour en Bulgarie, les choses prirent une si affreuse tournure que Polk-Mowbray en fut réduit, littéralement réduit à prendre des mesures : vous savez dans quelle horreur il tient tout ce qui ressemble à l'action. C'était durant la guerre civile, quand le pays était communiste toute la semaine et royaliste pendant les week-ends. Chaque samedi matin, les troupes royalistes descendaient des collines et s'emparaient de la Présidence. Tous les lundis matin, ils en étaient chassés avec de lourdes pertes. Le lundi, c'était le jour où on payait la solde des forces communistes. Le samedi, celle de l'armée royaliste. Le calendrier avait un étrange effet sur les activités des coiffeurs. Durant la semaine, on ne trouvait au travail que des coiffeurs tout à fait nationalisés, alors que pendant le week-end on pouvait emprunter les cinq barbiers royaux du camp adverse. Les communistes pratiquaient une coupe au bol à pudding sans prétention, élaborée suivant les termes de la dialectique : on passait légèrement une herse sur le cuir chevelu puis on désherbait avec le pouce et l'index. Ils étaient à court d'instruments car le plan quinquennal ne fonctionnait pas encore en raison du manque de capitaux étrangers. Bref, durant la semaine on se trouvait livré à quelques rustres aux mains calleuses. Mais si l'on attendait jusqu'au dimanche, on pouvait obtenir une sorte de variante viennoise de la coiffure Pompadour qui se déployait en ailes sur la nuque comme les pans d'un habit, avec des favoris en tire-bouchon : au point qu'un jour Polk-Mowbray ressemblait si fort à Elizabeth Barrett-Browning que Gool, l'homme du British Council, laissa entendre… mais c'est une autre histoire.

» C'est vrai, le coiffeur balkanique, conditionné par la nature hirsute de sa clientèle, a développé un style d'action vraiment affligeant : adapté, je n'en doute pas, à la nature du *terrain**, il n'en est pas moins terrifiant pour ceux qui ont reçu une éducation convenable. Ces gens vous plongent littéralement dans les narines, taillant et coupant comme s'ils ouvraient une piste dans la jungle. Ensuite, avant qu'on ait eu le temps de dire « Taille de moustache », ils se précipitent sur vos oreilles, élaguant tout ce qui – à en juger par le son – doit être un ensemble aussi impénétrable qu'une forêt de chênes verts. Je vous épargnerai les détails : vous connaissez.

» Vous étiez parti, je crois, avant que Polk-Mowbray n'entre dans sa phase de bricolage : il avait dû en arriver là, poussé par l'état de barbarie qu'on trouvait en Bulgarie. Il vit un placard publicitaire pour un instrument appelé, me semble-t-il, le « super-régulateur capillaire pour homme ». D'après la brochure cela semblait être un ingénieux instrument combinant le peigne et le rasoir : on coupait pour ainsi dire en peignant. Rien de plus simple, rien de mieux fait pour plaire. Profondément ému par cette découverte, Polk-Mowbray en commanda une douzaine, un pour chaque membre de la chancellerie. Il était fou de joie et d'orgueil. Parlant du fond du cœur, il déclara : « À dater d'aujourd'hui, nos ennuis sont terminés. Je veux que chacun d'entre vous utilise désormais son petit régulateur et boycotte ces coiffeurs païens de Bulgarie. » Eh bien, je ne sais pas si vous connaissez le « régulateur » ? Non. Alors soyez sur vos gardes. Il ne s'agit pas d'un instrument pour joyeux amateur. Il faut, pour l'utiliser, posséder une habileté professionnelle hors pair. Sans cela, l'appareil vous arrache une grosse touffe de cheveux aux endroits les plus gênants, laissant apparaître des plaques désolées de cuir chevelu blême. Au déjeuner de ce jour fatal, on aurait dit que toute la chancellerie avait été fauchée par la gale ou la teigne. Pire encore, De Mandeville contracta une sorte de moisissure du cuir chevelu qui donna à tout son crâne une coloration verte. Une sorte de redoutable vert-de-gris s'installa. Il dut garder ses cheveux dans un bonnet de feutrine verte pendant plus d'une semaine tandis que l'onguent folliculaire de Fenner faisait son œuvre de guérison. Par bonheur j'en avais apporté un flacon avec moi. Mais, évidemment, ce spectacle faillit rendre Polk-Mowbray fou furieux, d'autant plus qu'à cette époque les deux hommes étaient à couteaux tirés. De Mandeville avait juré de tenter de rendre son chef fou par une sorte de supplice chinois verbal. À chaque remarque qu'on lui adressait, il se contentait de répondre « Enchanté, certainement », avec une sorte de sifflement de serpent. Ça n'a l'air de rien, mais je vous assure qu'après quelques jours de répétition sans fin de cette phrase – accompagnée de l'horrible spectacle du bonnet de feutrine verte sur sa tête –, Polk-Mowbray était un homme pratiquement brisé.

» Mais sans doute l'exemple le plus horrifiant de barbarie de masse dont je garde le souvenir, ce fut ce qui arriva au petit groupe de Finlandaises sans méfiance qui se firent faire une permanente bulgare en vue du grand bal pour la Journée nationale des lépreux. On ne saurait trouver mieux pour illustrer les épreuves auxquelles on peut se trouver confronté dans le service diplomatique. Cinq d'entre elles, y compris l'ambassadrice, furent partiellement électrocutées par la faute d'un fusible défectueux. Comment, me suis-je demandé, ne savaient-elles donc pas à quel point les installations électriques de Bulgarie pouvaient être capricieuses ? Eh bien, elles ne le savaient pas. Polk-Mowbray, qui courtisait les communistes, avait offert au ministre de l'Intérieur un rasoir électrique qui, chaque fois qu'il était branché, faisait sauter toutes les lumières de la capitale. Il a dû se passer quelque chose de cet ordre avec les innocentes Finlandaises. Leur splendide chevelure emprisonnée dans ces sortes de dômes pressurisés fixés au plafond par un fil électrique sous tension, elles se rendirent compte soudain que tout se trouvait chauffé à blanc et commençait à émettre une épaisse fumée : l'atmosphère ne tarda pas à ressembler à celle d'un bain turc ayant échappé à tout contrôle. Les Finlandais, il est vrai, sont normalement un peuple peu émotif et guère enclin à de vaines ratiocinations. Ce fut seulement quand des étincelles de trois centimètres se mirent à jaillir de leurs ongles qu'elles se demandèrent si tout allait bien. À ce moment-là, il était trop tard.

» Elles étaient beaucoup trop brûlantes pour qu'on pût les tenir. Les coiffeurs, qui tentèrent vaillamment de les dégager, durent précipitamment battre en retraite, victimes de brûlures et de décharges électriques. À vrai dire, elles auraient pu être encore là aujourd'hui, grillées sur place, si le corps diplomatique n'était pas à cet instant passé en *grande tenue**. Nous traversions précisément la ville pour aller déposer une couronne un peu molle sur le Mémorial de la lèpre, quand nous vîmes la fumée et que nous entendîmes les ululements de ces bons à rien de coiffeurs. Ce fut un autre coup de chance que Dovebasket eût une paire de pinces à manche caoutchouté dans sa poche d'uniforme. Il se précipita dans la caverne emplie de fumée et consacra tout son génie mécanique à régler la situation, en coupant les fils électriques qui reliaient au toit ses infortunées collègues. Les Finlandaises s'écroulèrent en gémissant sur le sol, toujours coiffées de leurs dômes dorés, comme des personnages de science-fiction. « Donnez-leur de l'air », nous écriâmes-nous tous d'une voix perçante : des mains bienveillantes les emportèrent pour les déposer en rang d'oignons sur le trottoir. Tout cela vous avait un peu un air d'inhumation en masse et je suis persuadé pour ma part que, s'il ne s'était agi de Finlandaises, ç'aurait bel et bien été le cas. Mais ce peuple supporte n'importe quoi d'une âme égale. On les aspergea soigneusement d'eau qu'on vida de seaux en plastique. Elles fumaient, elles sentaient la côtelette grillée, mais elles finirent par reprendre leurs esprits.

» Nous ne les revîmes qu'à l'occasion du bal qui marquait ce soir-là la fin de la Semaine des lépreux. Mon cher ami, jamais vous n'auriez imaginé pareille chose. C'était positivement psychédélique. Les perruques dorées d'un éclat métallique étaient aveuglantes. Ah ! ces démons de coiffeurs avaient assurément fait leur travail… En vérité ! Mais je vois que Fenner est enfin libre. Je reprendrai ce récit plus tard.

IV. Sérails et pagaille

— Si vous alliez supposer, dit Antrobus, que tous nos problèmes à la mission de Bulgarie étaient d'ordre politique, vous seriez gravement dans l'erreur. La vie d'un diplomate n'est jamais aussi nettement dessinée que le déroulement de la guerre des Deux-Roses : en fait, sa diversité n'a d'égale que son inanité, comme l'a dit un jour Poincaré. Peut-être est-ce pour cela que nous disposons d'une telle gamme de sujets de conversation : aucun aspect de l'expérience ne nous a laissés indemnes. C'est pourquoi le diplomate endurci n'est pas homme à se laisser démonter par le simple crépitement de la pluie sur un chapeau melon fraîchement brossé. C'est un homme qui a plongé au plus profond des secrets de la nature. Eh bien, mon garçon, ces réflexions plus graves qu'à l'accoutumée se sont trouvées réduites à néant par la lecture du *Times* d'aujourd'hui qui annonce que le vieux Sammy est en train de terminer ses mémoires. Pauvre vieux Sam. C'est Eisenhower qui l'a un jour décrit non sans admiration comme un poivrot supermondain. Je m'attends à le voir se venger dans son livre. Il sait tout juste lire et écrire : c'est normal, il a fait Eton. Mais c'est un long processus et cela a dû lui prendre des années pour arriver à rédiger un livre. Et puis, évidemment, il prend de l'âge et sa carrière a souvent traversé des zones d'ombre : je veux dire qu'il a commencé par une flasque réglementaire et qu'il a fini par boire de l'embrocation brute puisée dans un bain de siège. C'est du moins ce qu'on dit au bureau de la Valise où l'on peut encore admirer le véritable appareil. Personne ne fut vraiment surpris quand il alla chercher refuge dans l'Église. Depuis des années maintenant, nous recevons de vagues rapports qui le montrent arpentant quelque paroisse détrempée du Suffolk, enveloppé dans une bande de feutre bitumé. À l'époque de Noël… mais à quoi bon poursuivre ? L'homme a souffert. Il essaie de se racheter en jouant ici et là les sacristains. Il passe les longues nuits sans chauffage à écrire. Qu'écrit-il ? On peut se demander en effet ce qu'écrit le vieux Sam. Il ne s'agit pas des *Mille et Un Émerveillements d'une collégienne devant l'alcool et le sexe*, non, c'est un volume de mémoires diplomatiques. Il s'intitule *Sérails et Pagaille ou De l'autre côté du rideau de perles de la diplomatie, par un membre de la Carrière qui en a souffert*. Ça a une résonance un peu sinistre, non ? Dieu sait que j'espère – tout le monde espère – qu'il se montrera discret.

» Mes appréhensions se sont accrues récemment après une conversation avec Gormley qui affirme avoir, voilà peu de temps, parlé à Sam au téléphone. Sam, semble-t-il, lui a dit qu'il ne s'agissait que de la diplomatie envisagée sous l'angle religieux. Voilà qui m'a surpris. Le seul religieux que nous ayons eu, c'était l'aumônier et il est parti dans une atmosphère de scandale qu'on a vite étouffée. Et pourtant… je m'interroge. Il y avait dans nos existences là-bas d'étranges aspects qu'on pourrait, je suppose, qualifier de religieux : à condition de tirer sur la loi concernant les « secrets officiels » jusqu'à l'en faire craquer. Ces danses champêtres en travesti sur la pelouse : est-ce que cela ne ferait pas l'affaire ? De Mandeville et son chauffeur en jarretières, avec des boucles d'oreilles de gitans… Mais il n'y avait rien de religieux dans la crise de colère de Polk-Mowbray quand il les aperçut…

» Et puis je me souviens du petit Carter – si c'était bien son nom. Les Américains ont un penchant notoire pour le romanesque. Il partit en congé pour l'Égypte avec *Le Quatuor d'Alexandrie* sous son bras. Aux dernières nouvelles, il était devenu musulman : bang ! comme ça. Il était passé dans leur camp avec armes et bagages. À ce qu'on raconte il rentra un peu pâli mais plein d'une exécrable insouciance et traînant derrière lui tout un cortège de petites épouses noires. Des vraies. « Durrell a raison », annonça-t-il à son chef avec un geste désinvolte. « Là-bas, on peut faire à peu près n'importe quoi. » Eh bien, de toute évidence, il n'y avait pas manqué. Mais il nous posait des problèmes. Des choses comme ça, dans le corps diplomatique, ça peut être très contagieux. Il avait créé un précédent. Théoriquement pourtant, il était tout à fait dans son droit. Il n'existait pas d'interdit religieux au Département d'État ni au Foreign Office. On eut toutes les peines du monde à lui attribuer un poste. On ne trouvait aucune excuse pour le congédier : étant Américain, il était efficace. Il ne restait plus qu'à lui donner de l'avancement et qu'à l'envoyer à l'O N U où il se perdrait dans la masse. Je rencontrai Schwartz, leur conseiller d'ambassade, l'air pâle et épuisé : je savais pourquoi. C'était sur lui que ça retombait, tous ces échanges de télégrammes en tous sens.

« Avant cette histoire, c'était une mission si paisible, gémit-il. Qu'est-ce qu'il lui a pris ? » Schwartz jouait au bridge tous les jours de la semaine et cette affaire nuisait à sa concentration. Par la fenêtre ouverte, on pouvait voir Carter emmenant ses épouses prendre l'air sur la pelouse de l'ambassade : faute de pouvoir communiquer, il jouait à saute-mouton avec elles. Les membres du personnel les contemplaient par la fenêtre, en grimaçant. Schwartz étouffa un juron. « Antrobus, dit-il, vous savez et je sais que théoriquement parlant, rien dans le règlement n'empêche le roi Salomon d'arriver au Département d'État pour demander une affectation, même s'il montrait la pelouse du pouce (et Schwartz la montrait du pouce) en disant : "Au fait, ces dames, là-bas, sont mes épouses : voulez-vous avoir l'obligeance de leur distribuer des rations K." » Je compatissais.

» Ah ! oui, Carter nous a coûté bien des discussions extra-juridiques.

» Après tout, pourquoi le Département d'État ne serait-il pas, un beau soir, envahi de mormons ?

» Enfin, les eaux se sont refermées sur le petit Carter. Je le plaignais. Deux des épouses étaient très jolies, disait-on, avec des avantages bien placés. Mais à chose faite, point de remède.

» Nous avons resserré nos rangs, repris notre marche, toujours de l'avant.

» Vous voyez ce que je veux dire ? Ce n'est guère le genre d'histoire qu'on a envie de voir racontée dans son livre par Sam. D'ailleurs, cet épisode Carter a fait exploser un baril de poudre dans notre propre mission. Nous ne nous rendions pas compte que nous étions assis dessus. Oh ! certes, ça sentait le brûlé depuis quelque temps, mais impossible de repérer d'où cela venait. Vous vous souvenez de Drage ? Bien sûr que oui. Là, nous sommes vraiment dans le domaine de la religion révélée. Pendant tout cet hiver, les visions l'envahissaient, les voix soufflaient des informations séditieuses dans ses oreilles de faune. En outre, il était au plus mal avec Dovebasket, ce qui était toujours dangereux ; et ça l'était maintenant doublement car ce triste spécimen d'humanité venait de passer une licence d'électronique appliquée. Bref je m'inquiétais. Dovebasket me dégoûtait. Je ne voulais prendre parti ni pour l'un ni pour l'autre. Mais les choses allaient de mal en pis et les repas commençaient à s'en ressentir. Le pudding refusait de rester au garde-à-vous. Dovebasket avait installé des becs Bunsen dans la cuisine avec une telle efficacité que Drage se trouvait pratiquement en train de surveiller des essais nucléaires avec de la farine contenant de la levure. De Mandeville préparait un menu pour le dîner en l'honneur de la mission française qui était d'un goût trop douteux pour soulever autre chose que les rires les plus faux. Il était question d'œufs de vanneau à l'éther et de gros biscuits marinés dans l'acide nitrique. On évoquait aussi des cocktails à base de jus de citron et de cognac, avec un soupçon d'huile de moteur provenant du carter d'une locomotive abandonnée. Dieu ! Il y avait même le club sandwich britannique qui se composait, selon son diagnostic, de vieux ouvrages de raphia avec de fines tranches de gymnosophistes trois fois broyés. Drage semblait être devenu totalement continental. Les visions pourtant le harcelaient, pleuvaient sur lui. Il finit par être contraint de demander l'assistance religieuse du dirigeant de sa secte ; un prédicateur non-conformiste qui s'appelait Wilkinson l'Anti-fornicateur. C'était un homme de haute taille à l'air fragile, avec un petit bouc et de grosses lunettes. On ne pouvait, me semblait-il, tirer que peu de réconfort de son étrange allure. Que faire ? Nous voyions bien tous que cet homme avait une âme en forme de champignon. Sa voix avait des accents de basse retentissants ponctués parfois d'un cri strident comme un sifflet de sergent de ville sur le mot « péché » qui faisait qu'on se redressait sur son siège en rejetant métaphoriquement le gravier avec ses sabots. Il vint s'installer dans la maisonnette de Drage pour le faire bénéficier de temps en temps de son verbe ailé. Et voilà que là-dessus Drage demanda s'il pourrait prendre la parole un dimanche et prononcer le sermon. Cette semaine-là, l'aumônier était absent : il jouait à la roulette à Nice. En matière de religion, nous sommes extrêmement libéraux. Il m'était difficile de refuser.

» Le gaillard choisit comme texte : « Le roi Salomon dans toute sa gloire n'était pas paré comme l'un de ces gens. » Apparemment, les chapeaux des dames de l'ambassade l'avaient gravement offensé. Il les désignait tout en les accablant de propos cinglants. Ses paroles sifflaient dans la petite chapelle comme de la mitraille. De Mandeville pâlit et se mit à sangloter doucement dans un mouchoir de batiste. À entendre Drage, on aurait cru que toute l'équipe des dactylos était corrompue jusqu'à la moelle et que Polk-Mowbray menait une existence de lubricité déchaînée avec toute une cage de rossignols. Vous vous rendez compte !

» Pourtant, pour la première fois en l'écoutant, nous commencions tous à éprouver pour Dovebasket une sorte de sournoise fierté, qui réchauffait nos cœurs. Il avait camouflé un micro clandestin dans la chaire. Il allait nous venger, même si sa véritable cible était l'infortuné Drage. Qu'importe. Le révérend Antifornicateur allait supporter de front l'assaut. Je dois dire toutefois qu'il se montra courageux, et ce en dépit de tous les incidents qui émaillèrent son sermon. Des flammes jaillirent de l'harmonium quand le pied mignon de Miss Podger en effleura les pédales. Polk-Mowbray les étouffa vaillamment avec son manteau. Wilkinson reprit son discours. Les installations électroniques dissimulées dans les murs déversèrent soudain un torrent d'échos de la jungle, de clochettes, de cris de chattes en chaleur, etc. Wilkinson tendit ses cordes vocales et sa voix vint dominer le fracas. Puis, sur le mur derrière nous, apparut une projection géante en couleurs qui disait : « Repentez-vous, chiens » et une autre proclamant : « Drage, je suis venu pour toi, salopard ». Celle-ci était signée « IAVEH » en écriture d'écolier illettré. Nous allions manifestement être témoins d'une bataille acharnée, car, nullement découragé, le prédicateur se reprit et poursuivit. Dovebasket maintenant paraissait pâle et tendu. Allait-il être vaincu ? Des mesures désespérées s'imposaient. Il lui fallait abattre sa dernière carte. Tremblant d'excitation, il se pencha en avant et pressa sous la chaire le bouton F. Dieu merci, cela fonctionna. Un gant de boxe de six livres jaillit du mur avec un déclic sec et assena au révérend un formidable coup sous l'oreille gauche. Ce fut le dénouement. Il dégringola de son nid de pie pour tomber sur le premier rang déjà fort éprouvé de la mission. Sa tête vint reposer d'un air rêveur sur les genoux de Polk-Mowbray. Le monde parut soudain plus gai. J'entendais les oiseaux chanter dans les buissons de l'ambassade. Des mains affectueuses étaient là pour rassembler les morceaux, pour disposer le corps en vue des funérailles. Mais Wilkinson respirait encore. On le rapatria en Angleterre sur un brancard aux frais de la Couronne. En outre, Drage se trouva guéri comme par miracle : du moins provisoirement. La cuisine retrouva sa bonne simplicité d'antan. Il conserva pourtant la Bible de Wilkinson et, de temps en temps, en lisait des passages d'une voix rendue moussue par les gutturales et une dominance tonique *sol-fa*. Mais le pire était passé. Drage était redevenu un maître d'hôtel ordinaire, un être humain dans les veines duquel coulait un bon vieux sang qui n'avait rien d'exceptionnel.

» Je pourrais vous citer bien d'autres exemples d'élans religieux dans le corps diplomatique. Ils sont fort divers. J'espère que Sam évoquera certains des épisodes les plus colorés : le jour, par exemple, où Polk-Mowbray décida de faire édifier une chapelle baptiste dans le parc de l'ambassade pour tenter de sevrer tout le monde du « matérialisme stérile ». Le projet alla jusqu'au stade de la planche à dessin avant d'être descendu en flammes. Bienheureusement, des raisons politiques intervinrent. Car qui voudrait consacrer un pareil édifice ? Le style était du genre méthodiste pour quartier pauvre. On contacta, je crois, John Betjeman, mais il n'en sortit rien. La mission russe était particulièrement susceptible. Leur chargé d'affaires, un étrange représentant du folklore de la Volga du nom de Damnovich, avait une sorte de sourire marxiste à trois dimensions. La dialectique l'avait rongé de l'intérieur. Un jour il disparut et le bruit courut qu'il s'était fait hara-kiri de la façon la plus originale. Je ne sais quelle négligence mineure dans le service lui avait valu un blâme : il prit la chose tellement à cœur qu'il fit amende honorable en se faisant tamponner TOP SECRET sur le front avant qu'on l'emporte jusqu'à l'incinérateur où il périt avec les déchets de documents confidentiels. Habile, non ? Mais certes pas aussi tortueux que Reggie Subtitle qui était bien déterminé à ce que son frère n'hérite pas d'un radis quand il mourrait. Son testament était un véritable chef-d'œuvre. Il fit renvoyer son corps embaumé à l'agence d'Oxford Street de la banque Coutts : il gît encore là dans une cave avec tous ses meubles et bagages. Personne ne peut y avoir accès et, de ce fait, son frère ne peut pas hériter car Reggie est toujours porté disparu : présumé absent, bien que tout cela remonte aujourd'hui à des années.

» Un dernier exemple – à titre d'avertissement aux jeunes diplomates. Voici ce qui m'est arrivé. Vous savez que le veuvage est pratiquement une profession en Bulgarie : les veuves, on en trouvait partout. Drapées dans des tissus noirs froufroutants, les sourcils se rencontrant au milieu du visage, la moustache bien fournie… 90 % de la population, semble-t-il, est composée de veuves. Quoi qu'il en soit, nous en avions une, ou plutôt nous fîmes l'acquisition d'une. Peut-être un des employés du consulat l'avait-il gagnée à une tombola de Noël ? Comment le saurais-je ? Il l'avait prise à la place de la dinde, ou peut-être même s'était-il trompé ? Bref, elle devint Mrs. Threadneedle. Puis son époux se lassa d'elle : il laissa donc ses chaussures et ses vêtements au bord du Danube, écrivit sur une feuille de papier un bref message d'adieu et, selon toutes les apparences, se noya. En fait, il arriva hors d'haleine à la frontière et retourna à la vie civile. C'est aujourd'hui un agent immobilier respecté de Banbury. Comment elle ou nous allions donc le savoir ? Nous le passâmes aux profits et pertes et nous en commandâmes un autre. Pendant ce temps, Mrs. Threadneedle, pour justifier son existence, souleva un point de procédure. Les veuves apparemment n'avaient plus droit aux alcools ni aux cigarettes détaxées : les épouses, oui. Pas les veuves. Elle n'arrivait pas très bien à comprendre cela et son anglais était trop sommaire pour nous permettre de lui exposer notre point de vue.

» Impossible de la convaincre. Elle s'était d'ailleurs mis dans l'idée que, quand on manquait d'un sujet britannique, ou qu'on avait égaré celui qu'on avait sous la main, on pouvait tout simplement se présenter à la mission pour en choisir un autre. C'était la question des produits détaxés qui la tracassait. Elle prit l'habitude de venir s'asseoir devant la porte de la chancellerie en nous implorant quand nous passions pour entrer ou sortir. Elle finit par décider, puisqu'il n'y avait rien d'autre à faire, de se choisir un autre époux afin que puisse reprendre le flot interrompu de gin et de Benson & Hedges hors taxes. Son choix se porta sur moi. Je ne sais pas pourquoi. Peut-être était-ce mon visage ouvert qui lui parut le signe d'un esprit libéral. Quoi qu'il en soit, quand je passais devant elle, elle braquait un doigt sur moi en criant : « Je l'aurai. » Cela provoquait chez tout le monde sauf moi un certain amusement innocent. J'étais terrorisé. Bientôt elle s'efforça de me saisir la main et de la baiser. La situation était devenue critique. Je ne pouvais maintenant accéder à mon bureau qu'en y grimpant par la fenêtre, et je ne pouvais rendre visite à mes collègues que de la même façon furtive. Vous vous imaginez à quel point cela se révélait épuisant. Mes pas défonçaient les massifs de fleurs. J'avais les muscles endoloris. Je perdais du poids. Il ne semblait y avoir aucun moyen de se débarrasser de la dame. Elle fit même un jour irruption dans mon bureau, flanquée d'un prêtre qui me bénit avec un rameau d'hysope, aspergeant au passage une dépêche d'eau bénite. *Elle payait pour m'amadouer**. J'étais aux dernières extrémités. Je finis par consulter Dovebasket et ce fut grâce à son génie qu'on évita le pire. Suivant son conseil, je convoquai Thurston et, m'éclaircissant la voix, lui exposai l'affaire. C'était un énorme gaillard, un garde de la chancellerie.

« Thurston, dis-je, vous avez un choix bien net à faire. C'est la sixième fois qu'on vous a surpris en état d'ivresse pendant le service et Son Excellence a décidé d'avertir le Foreign Office. Vous savez quelle conséquence cela aura, n'est-ce pas ? »

» Il tira sur une mèche hirsute et retroussa le tapis de son gros orteil. « Cela dit, poursuivis-je, il m'a laissé juge de cette affaire. J'ai plaidé votre cause auprès de lui. Mais tout cela, me semble-t-il, vient du fait que vous êtes célibataire. Vous avez trop de temps libre et pas assez de responsabilités. Si donc vous décidiez de vous marier, je pourrais reconsidérer cet incident. Qui plus est, si vous épousiez Mrs. Threadneedle, je pourrais même vous faire avoir de l'avancement et vous affecter à un poste où vous serez mieux payé. » Je le laissai un instant méditer sur ma proposition. Le malheureux blêmit, comme on pouvait s'y attendre. Mais je lui fis remarquer que les hommes mariés percevaient de somptueuses allocations et bénéficiaient de résidences convenables. « Allez réfléchir au problème et donnez-moi votre réponse au plus tard ce soir. » Mon ton résolu et les accents cajoleurs de ma voix firent sur lui une profonde impression. Le soir même il avait fait son choix : Mrs. Threadneedle allait devenir Mrs. Thurston. Imaginez mon soulagement. Le plus étrange est que le mariage marcha très bien. Thurston signa le contrat et entama une vie nouvelle. Quand je partis, tous deux chantaient dans la chorale. On peut dire ce que l'on veut : il doit bien y avoir quelque chose dans la religion.

V. La petite aventure parisienne

— Je me demande si je vous ai jamais parlé, dit Antrobus, de ma petite aventure parisienne ? Non ? Oh ! d'ordinaire, je n'aime guère remuer tout cela : c'est trop pénible. Mais je m'en suis souvenu aujourd'hui en remplissant un formulaire d'assurance médicale. J'ai cru revoir O'Toole. Mon Dieu, vous n'avez pas idée.

» Je partais en congé et je commis l'erreur de demander à Polk-Mowbray s'il n'y avait pas un petit service que je pourrais lui rendre dans les capitales que j'allais traverser. Il ne s'agit là, comme vous le savez, que de la pure rhétorique de la diplomatie. Seul un porc sans éducation dirait : « Mais oui, bien sûr. » Pourtant, c'est ce qu'il fit. Fixant sur moi le regard de ses yeux quelque peu larmoyants, il me dit d'un ton sot et suppliant : « Antrobus, vous pourriez m'être d'une aide précieuse. La maturité de votre jugement, vos manières engageantes, votre côté paternel… » Tout cela jusque-là est peut-être vrai. « J'ai, poursuivit-il, un neveu délinquant du nom d'O'Toole, qui fait ses études de médecine à Paris. Je crains qu'il ne lui arrive quelque chose d'épouvantable. Il est baroque, tout à fait baroque. Les premiers rapports disent qu'il est *carrément funeste**, Dieu sait ce que cela veut dire. » Comme le mien, le français de Mowbray est quelque peu émoussé. J'entends par là que nous sommes tous deux capables de dire avec un assez bon accent « *Cueillez dès aujourd'hui les roses de la vie** » en passant la douane : mais, même si cela crée une certaine atmosphère, ça ne nous avance pas à grand-chose.

» Je m'armai de courage et flairai le vent. « Allons, soyez chic, dit-il. Tout ce que je vous demande c'est d'aller le voir et de m'envoyer sur lui un rapport confidentiel. Peut-être avez-vous des choses en commun, qui sait ? Après tout, vous allez bien rester un jour ou deux pour faire ami-ami à la mission de MacSalmon et vous faire inviter à dîner, n'est-ce pas ? Consacrez donc un après-midi à mon parent égaré. »

» Présenté de cette façon, il semblait cruel de refuser. J'acceptai – ô malheur à moi –, oui, j'acceptai. La chose pourtant me préoccupait. Tout en me frictionnant à la lotion après-rasage parfumée à la menthe devant le miroir de l'Orient-Express, je me regardai avec une sollicitude teintée d'appréhension : si beau et si exploité…

» Tous les présages étaient contre moi. J'arrivai à Paris lors d'une de ces interminables fêtes légales qui peuvent parfois se prolonger toute une semaine. Rien n'était ouvert. Pas de voiture de service. Même la mission était fermée : tout le monde était parti. Jusqu'au chargé d'affaires qui était à la chasse. La coquille abandonnée de l'ambassade était entre les mains d'une blanchisseuse illettrée, et d'un garde de la chancellerie qui puait l'absinthe. Je comptais trouver là le gîte et le couvert grâce à quelque subalterne qui serait fier de faire ma connaissance et de m'offrir l'hospitalité. Mais plus grave encore était ma situation côté fric. Je n'avais presque pas d'argent sur moi, aucune espèce sonnante et trébuchante. J'avais utilisé les habituels coupons de voyage qui m'auraient permis de refaire le plein à des points précis et il ne me restait plus rien. Je ne pouvais même pas changer des chèques de voyage, à supposer que j'en eusse. Et voilà qu'en plus je me trouvais confronté à la perspective de régler une note d'hôtel. Que faire ? me demandai-je tout en examinant le tableau de service de la chancellerie. Pas un nom de connaissance à la mission, pas un visage ami. Et, mon Dieu, quelles recrues peu brillantes ! Le cœur serré, je lus la liste du personnel. Musgrave, Hoffner, Pratt, Brown… autant de noms maintenant bien connus d'Interpol mais à cette époque ignorés de tous. Rien que des novices. Pour autant que je pouvais voir, c'était une mission récemment formée. Bah, je m'en allai tenter de rassembler quelques fonds au Crillon, au Ritz et dans ce genre d'endroits : nulle part, je ne pus trouver un concierge que je connaissais. Mon train en outre ne partait que lundi. J'allais devoir passer le week-end à Paris sans rien d'ouvert que des lieux de réjouissances culturelles comme le Louvre : des endroits où je risquais d'être exposé à une dose décourageante de culture superflue. Je savais à quel point les Français pouvaient être dangereux. Tout mais pas ça. Je déambulai, grandement frappé du nombre de magasins proposant une littérature un peu ésotérique et, si j'avais été en fonds, j'aurais peut-être acheté un exemplaire de *Paternité imprévue*, où l'on trouvait des conseils prodigués par des mères à un père imprévu : ouvrage sans doute écrit par De Mandeville et Dovebasket sous un pseudonyme. Mais je n'osais pas mener la vie à grandes guides avec les quelques francs que j'avais sur moi.

» Je m'offris un petit verre de prune dans un bistrot et je méditai sur mon sort. Je finis par penser à O'Toole. Peut-être pourrait-il m'aider ? Je déterrai son adresse. C'était à deux pas de là où je me trouvais. Je ne risquais rien, me dis-je, de passer, de gratifier O'Toole d'un petit signe de tête bienvenu et d'une parole de réconfort. Je trouvai l'endroit sans mal, mais il était terriblement sinistre et il y avait une femme dans une sorte de boîte qui m'observait avec attention. Elle bondit quand je mentionnai le nom et exhiba de sous son tablier un couperet taché de sang. Elle me demanda de lui transmettre un message dont je ne parvins pas à comprendre la teneur : toutefois, il me parut menaçant. Elle ponctuait ses phrases de grands coups de couperet. Je soulevai mon melon et grimpai l'escalier mangé aux mites jusqu'au numéro 13. La sonnette ne fonctionnant pas, je frappai avec mon parapluie. Il y eut un temps mort. Puis soudain tout se précipita comme dans un film. La porte s'ouvrit toute grande, quelque chose m'empoigna par la cravate, me tira à l'intérieur et me plaqua contre un mur. La porte se referma bruyamment derrière moi et je sentis la lame d'un couteau s'appuyer contre ma cravate. J'étais en présence d'O'Toole. « Un mot et je t'embroche », siffla-t-il. J'étais bien loin d'énoncer un seul mot. J'étais abasourdi. Il m'entraîna dans une sorte d'atelier et me jeta sur un canapé, où je m'affalai sur mon melon. « C'est eux, dit-il, qui t'ont envoyé pour m'espionner. J'avais pourtant dit à mon oncle que le prochain en pâtirait. Voilà que tu es lui. » Sans corriger sa grammaire défaillante, je m'efforçai d'adopter une attitude affable et plaisante. En vain. J'avais affaire à quelque chose qui me dépassait. O'Toole ressemblait à Dylan Thomas après toute une semaine à courir les bistrots. Cache-nez et chapeau mou, rien ne manquait. Il avait l'air d'un vrai dur. Manifestement, une réponse en douceur ne ferait pas l'affaire. En outre, il sentait l'eau-de-vie de prune. Il était hors de lui. « Dire que je croule sous les ennuis et que ce fieffé crétin envoie des gens pour m'espionner. » Sa lèvre inférieure tremblait. De toute évidence, ce type était à bout. Je repris mon chapeau melon et m'éclaircis ce qui me restait de voix. « Écoutez, O'Toole, dis-je. Calmez-vous et exposez-moi votre affaire. Je peux peut-être vous aider. » À ces mots, il poussa un cri et s'avança sur moi en brandissant son couteau. « Peut-être en effet, dit-il. Retourne tes poches. »

» Il n'y avait pourtant pas de joie durable à tirer de mon portefeuille. Non content de cela, malgré la sincérité de mon regard, il me fouilla les poches d'une main experte. Non. Cette somme dérisoire était tout ce que je possédais. Il marchait de long en large en donnant de grands coups de couteau dans le vide. « Quel est le problème, O'Toole ? » demandai-je. Un je-ne-sais-quoi de félin et de caressant dans ma voix dut toucher chez lui une corde sensible, car il eut un sanglot étranglé et dit : « Je n'ai pas payé mon loyer et on va m'enlever Myriam. On va me saisir ce soir. » Des huissiers français aux favoris touffus étaient en route pour régler son compte au neveu de Polk-Mowbray. C'était un triste spectacle que de voir un être si jeune à ce point accablé. « Mais ils ne l'auront pas, siffla-t-il. Plutôt mourir. » Je me résolus peu à peu à tenter de comprendre la situation, de l'éclaircir : bien sûr, une partie de ce que je vous raconte, je ne l'ai apprise que par la suite. Mais, en l'occurrence, cette allusion à son amante (il fallait bien un Latin pour procéder à la saisie d'une jeune fille) me laissa confondu. « Qui est Myriam et où est-elle ? » demandai-je en parcourant du regard la pièce délabrée. Il braqua la pointe de son couteau horriblement affûté : je peux vous montrer encore le trou dans ma chemise là où il avait appuyé la lame. On lui avait coupé l'électricité et les ténèbres étaient épaisses : mais dans un coin de la pièce se dressait une sorte de sarcophage. Il le désigna d'un geste frénétique. « Il vaut deux cent cinquante livres, dit-il. Par-dessus le marché, c'est ma tante. » Ma parole : ce fichu truc était un squelette articulé, le genre d'objet que les étudiants en médecine utilisent pour se faire peur le jour du bal de l'internat. Il était complet : je veux dire qu'il ne manquait pas un métatarse. Il était pendu à un crochet qui lui passait dans le cou : quand on y regardait de plus près, il arborait une sorte de sourire bizarre. Je frissonnai. Mais, répugnant toujours à abandonner le fil de mon raisonnement, je priai O'Toole de préciser un peu, de s'étendre, d'expliquer. Eh bien, il avait été élevé dans une famille de toubibs de Dublin fort attachée aux principes de la République française. Ils avaient insisté pour qu'il aille faire ses études à Paris : sa tante Myriam avait fait don de son corps à la science pour le plus grand honneur de la famille. C'était leur seul héritage. À part cela, ils ne possédaient rien. Mais ils le lui offrirent généreusement à son départ en lui disant sans doute de s'efforcer de faire honneur à cette précieuse relique : et, sinon, de la bazarder. Et voilà maintenant qu'on allait la saisir. Plus on en voit dans la vie, moins elle semble réelle… Ce garçon était peut-être un bon à rien, mais je ne pouvais m'empêcher d'éprouver pour lui une certaine sympathie. Le questionnant habilement, je découvris le reste. Apparemment, on ne pouvait pas saisir sa personne mais seulement ses biens : il était parvenu à sauver l'essentiel de ses vêtements en descendant l'escalier revêtu de trois ou quatre costumes à la fois et en se déshabillant dans les toilettes du bistrot du coin où son ami Coco les lui gardait. « Mais si j'essayais d'emporter un sac de voyage, la concierge se précipiterait sur moi avec son foutu couperet. Il va falloir que j'abandonne mes valises. Que faire de Myriam ? » Je ne voyais pas de solution à cette crise. Puis je vis soudain son regard se fixer sur ma personne : il me dévisageait délibérément, comme s'il allait m'en demander une tranche. « Pourquoi me regardez-vous comme ça ? » m'écriai-je. Je sentais que quelque affreuse idée lui venait à l'esprit. Je ne me trompais pas.

« Ça y est ! » s'exclama-t-il en brandissant son couteau d'un air de nouveau menaçant. « Vous dites que vous êtes venu m'aider : eh bien, c'est ce que vous allez faire. » Il ouvrit la fenêtre et me désigna la rue. « Vous allez attendre en bas et je vais vous descendre Myriam par la fenêtre, annonça-t-il. Mais si je découvre sur elle la moindre fêlure quand je descendrai, votre sort est scellé. » J'essayai bien de protester.

Après tout, plaidai-je, j'étais un sujet britannique, compagnon de l'Ordre de Saint-Michel et de Saint-George, membre du Rotary et distingué joueur de clochettes. On ne pouvait tout de même pas s'attendre à me voir planté au coin d'une rue de Paris, avec une tante dévêtue dans mes bras. Mais si. Nouveau coup de coude. « Et ne vous imaginez pas que vous allez pouvoir filer avec, ajouta-t-il. Je sais lancer ces trucs-là. Regardez ! » Il pivota sur lui-même et son couteau alla se ficher dans le placard de la cuisine.

» Je dois vous dire que ce fut un fonctionnaire d'un calme inhabituel qui descendit cet escalier aux marches grinçantes, soulevant son chapeau melon devant la chamelle sans charme de la loge qui attendait encore l'arrivée de l'huissier pour donner l'assaut au numéro 13. Il faisait froid dans la rue. J'eus soudain l'impression d'échapper à la réalité : je veux dire par là que ce semblait ne plus être moi, mon moi intrinsèque, qui attendait là, les yeux levés à cet endroit où, se balançant légèrement dans la brise, les ossements de la vénérable tante descendaient au bout d'une solide corde. Je reçus la passe sans problème : Myriam, plus lourde, ma foi, qu'on n'aurait pu s'y attendre arriva sans encombre dans mes bras. « Et maintenant ? » demandai-je en levant vers le ciel un regard anxieux. Un agent de police venait d'apparaître au coin de la rue. Il s'arrêta net, intrigué par ce spectacle. Je me rendais parfaitement compte que

Myriam était extrêmement dévêtue et je lui jetai sur les épaules mon imperméable en plastique vert clair. L'agent, pâle comme un linge, observa un moment la scène puis, murmurant quelque chose à propos de goûts particuliers, tourna les talons. Il repartit en courant dans la rue, donnant des coups de pistolet et appelant des témoins. Ce genre de chose ne pouvait arriver qu'à Lourdes, avait-il dû se dire. Le temps n'était plus aux explications ni aux excuses : O'Toole sortit par la porte en bondissant comme une publicité pour Michelin, emmailloté dans ses trois derniers costumes et quatre chandails. « Courez ! » cria-t-il. Emporté par la panique, je me lançai dans un galop qui ressemblait plus aux soubresauts de la danse de Saint-Guy. Partageant à nous deux le fardeau de Myriam, nous entrâmes en trombe dans le bistrot. « Sauvé ! » s'écria O'Toole.

» Je ne sais pas, mon vieux, si vous vous êtes déjà trouvé en compagnie d'un squelette enveloppé d'un imperméable en plastique vert. Je ne saurais comment vous décrire la sensation… C'est très étrange. La plupart des clients du café pâlirent sous leur hâle, retirèrent la pipe qu'ils avaient à la bouche, parurent sur le point de dire quelque chose, puis se contentèrent d'avaler leur salive. O'Toole installa Myriam sur un tabouret de bar et commanda trois verres. Coco, son ami, prit tout cela avec le plus grand naturel. Il croyait, à mon avis, qu'O'Toole avait assassiné

Myriam et qu'il l'avait remontée à ses moments perdus pour se distraire les samedis soir pluvieux. Je n'en sais rien. Quoi qu'il en soit, il se tint un long conciliabule où on décida d'obtenir pour elle un bon prix. Cela bien sûr fit se dresser quelques oreilles et l'on entendit des commentaires égrillards formulés ici ou là. Coco était d'avis de la vendre à la Clinique des pieds sensibles : mais, une fois de plus, nous étions coincés par ce maudit jour férié. L'établissement était fermé. Je me trouvais maintenant dans un tel état d'énervement que je vidai d'un trait le verre de Myriam. Dans la rue, se manifestait une certaine agitation : la police heureusement avait établi un barrage autour de cette maison dont les locataires passaient leur temps à découper en morceaux leurs vieilles tantes pour tomber sur des policiers, des commissaires et Dieu sait qui costumés en personnages d'opéra. Dieu merci, nous avions échappé à tout cela de justesse. La police arrêta les huissiers qui opposèrent une violente résistance. Je les observai, et ne ressentis aucune joie, rien qu'un sombre pressentiment. Car là, sur ce tabouret, arborant un petit sourire, trônait ce fichu squelette. Nous restâmes tapis pendant des heures tandis que Coco nous servait à boire et notait les consommations sur une marque de belote. Il nous parla de ses activités politiques. Il se révéla être un ardent révolutionnaire qui sillonnait Paris la nuit, griffonnant à la craie sur les murs « Coco est un traître » et « Français, à moi ». Son parti avait un nom impressionnant mais, à en croire O'Toole, il ne comptait qu'un seul membre : lui-même. Tout cela était bien éclectique. Mais le temps passait ; il me fallait prendre congé et je l'expliquai clairement. « Pardieu ! s'écria O'Toole, vous allez rester jusqu'à la fin, ou bien je jure sur les os de Polk-Mowbray que je m'en vais trancher votre petite gorge de diplomate. » Polk-Mowbray ! À cet instant, je songeai à lui avec le plus grand dégoût. Parce que, par sa faute, j'étais là sans un sou, pris au piège par ce crétin obtus qui faisait une fixation sur sa tante.

» Coco tenta bien de me remonter le moral en entonnant une chanson, mais je n'étais pas d'humeur joyeuse. O'Toole était plongé dans ses pensées. Puis il annonça qu'il avait une solution. Il existait une personne qui lui paierait un prix convenable pour Myriam, un nommé Raoul. Mais Raoul habitait quelque part en dehors de Paris. Il nous faudrait un moyen d'emprunter de l'argent. Il allait mettre en gage deux costumes chez Coco pour assurer les frais du voyage. « Je n'ai aucune envie de partir en voyage, dis-je en gémissant.

— Silence, triste anchois, tonna-t-il. Nous sommes maintenant liés dans cette affaire jusqu'à la mort. » C'était bien ce que je redoutais : je me sentais faible et sans défense. Myriam m'avait en quelque sorte façonné au gré de son osseuse volonté.

» Je ne vous décrirai pas notre imposante traversée de Paris : je garde ce récit pour le second volume de mes mémoires. O'Toole était maintenant sous l'empire de la boisson et d'une allégresse qui confinait à la grossièreté. Vous êtes-vous jamais trouvé faire la queue à un arrêt d'autobus pour voir surgir à vos côtés un squelette en imperméable ? Nous semions le désarroi partout où nous portions nos pas. Il installa Myriam dans un autobus aux places réservées pour les mutilés de guerre et refusa de payer un ticket en disant que Myriam était tombée à la bataille de la Marne. Une succession de grimaces plissa le visage du receveur, sa moustache décrivit un cercle de 365 degrés, mais que pouvait-il dire ? Comment pouvait-il prouver quoi que ce soit ? À plusieurs reprises nous nous perdîmes. Je dus une fois rester seul à tenir Myriam tandis qu'O'Toole se rendait dans un de ces édicules où l'on aperçoit par en dessous le bas des jambes des utilisateurs. J'étais planté sur les marches de Saint-Sulpice quand un autre sergent de ville s'approcha pour engager la conversation. Craignait-il une émeute ? Soupçonnait-il un crime ? Il tenta de m'adresser la parole, d'une façon fort civile, je dois en convenir, et désigna Myriam. « *C'est la plume de ma tante**, tentai-je d'expliquer. *Mlle Myriam**. » Il dit : « *Tiens** » et souleva son képi. J'étais si accablé par cette tentative d'explication et par l'absence prolongée d'O'Toole que je m'engouffrai dans l'église pour me précipiter dans une chapelle du bas-côté. J'avais à peine entamé le *Notre Père* avec Myriam agenouillée auprès de moi qu'un sacristain, pâle comme un mort, s'approcha et me souffla : « Enlevez-moi cette chose d'ici : vous faites peur aux clients », ou telle était clairement la teneur de ses observations. Frustré dans mes efforts pour obtenir l'intercession du Tout-Puissant, je battis en retraite jusqu'au perron pour rencontrer une fois de plus O'Toole. Il s'ensuivit un autre trajet en autobus, puis un autre encore. Je commençais à avoir l'impression que tout Paris avait dû maintenant nous voir avec notre étrange compagne. Les uns craignaient que nous fassions de la publicité pour des appareils orthopédiques, d'autres que nous soyons des pilleurs de tombes en goguette. Les plus charitables estimaient que nous nous livrions à une plaisanterie plutôt malsaine sur le chemin de l'ossuaire.

» De temps en temps, je m'éveillais à demi de l'état de transe où je me trouvais et je priais tout haut. Myriam se contentait de sourire… Jamais je ne me suis senti à tel point le centre de l'attention générale. Mais nous n'avions pas encore connu le pire. Nous arrivâmes au cœur de la campagne dans un village qui avait un nom comme Saint-Abdomen-des-Bois. Nous traînâmes Myriam à travers un cimetière, sous le regard furtif de paysans blottis derrière des arbres et des bosquets. Nous tirâmes un cordon de sonnette. Une porte s'ouvrit et apparut Raoul, béret sur la tête et pipe au bec.

» Nous pensions être tirés d'affaire, d'autant plus qu'il semblait transporté de joie à la vue de Myriam et qu'il accepta sur-le-champ de lui trouver un foyer accueillant. À vrai dire, il se mit à valser avec elle dans la pièce dans un paroxysme de ravissement. Puis il s'arrêta et son visage s'assombrit. Apparemment lui aussi connaissait quelques problèmes. Il avait des démêlés avec le prêtre du village qui, du haut de la chaire de Saint-Abdomen, l'avait bel et bien accusé de pratiquer la magie noire. Il essayait en réalité de faire pousser des salades dans son jardin en appliquant la méthode bio-organique de Rudolf Steiner. Je n'en suis pas certain, mais j'ai cru comprendre que pour faire pousser les plants, il fallait les attraper à la pleine lune et tourner autour en récitant des runes mystiques tout en jouant du pipeau. De quoi, j'en conviens, éveiller les plus sombres soupçons. De fait, la chose avait pris de telles proportions qu'il envisageait de fermer la maison pour rentrer à Paris.

» Au milieu de toutes ses explications, le téléphone sonna. Il alla répondre et fit un bond. « Ils sont en route pour m'arrêter. Quelqu'un a dit à la police avoir vu des gens traîner des cadavres dans le cimetière voisin pour les apporter ici. Il n'y a pas de temps à perdre. » Mes doigts se crispèrent sur mon parapluie jusqu'à en avoir les jointures toutes blanches. Quelles nouvelles horreurs nous attendaient ? Dehors, une sinistre cloche d'église se mit à sonner. On pouvait entendre gronder la foule. Des pierres vinrent frapper la grille d'entrée. Nous étions assis là, à nous dévisager, totalement découragés. Puis, au loin dans la campagne, on entendit le ululement d'une voiture de police fonçant dans notre direction. « Vite ! cria Raoul. Il faut fuir. » Une fois de plus, je me sentis pris de vertige. Je n'arrive pas à me rappeler clairement ce qui s'est passé : comment nous nous sommes tous retrouvés dans la petite voiture de Raoul. J'étais assis à l'arrière, avec Myriam sur mes genoux. Comme nous franchissions en trombe la grille d'entrée, projetant autour de nous une pluie de mottes de terre, un hurlement démoniaque monta d'un millier de gosiers. Leurs plus affreux soupçons se trouvaient confirmés. C'était un cri de pure horreur. Assurément un peu exagéré, mais il est vrai que les paysans sans éducation sont ainsi. Après tout, j'étais encore fort convenablement vêtu et coiffé de mon chapeau melon. Inutile d'aller imaginer que…

» Nous filâmes comme le vent à travers la campagne, avec à nos trousses deux voitures noires pleines de moustaches. La police gagnait du terrain. « Plus vite ! » hurlait O'Toole. Raoul appuyait sur l'accélérateur jusqu'à l'écraser contre le plancher. Nous prenions nos virages beaucoup trop vite à en juger par les crissements métalliques que nous entendions. Nous ne pouvions pas non plus garder pareille vitesse. À la sortie d'un virage, nous nous trouvâmes confrontés à un passage à niveau fermé. Trop tard pour freiner. Raoul fit une impressionnante tentative pour sauter l'obstacle : nous fonçâmes à travers un champ pour nous enfoncer au cœur d'une meule de foin.

» Je crois que j'avais dû perdre connaissance ; tout n'était que fumée, ténèbres et chatouillis. Quand enfin on m'exhuma de là, j'éprouvai un immense soulagement car Myriam avait disparu. Elle s'était volatilisée en mille fragments. Comme nous tous, d'ailleurs. Un vaillant sergent de ville nous déterra de là, nous déposa sur des échelles et nous ramena jusqu'à l'ambulance. Je me souviens ensuite m'être éveillé dans le lit à côté de celui d'O'Toole à l'hôpital local de Moisson. J'avais mal partout, mais rien de cassé. J'avais le nez bleu : vous voyez, à cet endroit. Nous nous en étions relativement bien tirés. Je gisais là dans une sorte de demi-transe quand j'entendis deux médecins discuter de notre cas et du traitement qui s'imposait. O'Toole faisait le mort, mais écoutait attentivement. Une voix disait : « Armand, je ne suis pas d'accord avec vous. Dans un cas comme celui-là, le Cordon Rouge est assez fort. » Son interlocuteur secoua la tête et une autre voix dit : « À mon avis, seul l'Impérial fera l'affaire. » Un frêle frémissement de joie agita mon cœur. Je bénis une profession médicale assez éclairée pour prescrire dans des cas pareils du champagne millésimé : c'est excellent pour un choc, pour des contusions, c'est bon pour tout. D'ailleurs,

Tokay Impérial, Mumm's Cordon Rouge… peu m'importait lequel.

» Les voix s'éloignèrent et nous nous retrouvâmes seuls. En gloussant je me penchai vers O'Toole. « Vous avez entendu ça ? dis-je. On va nous traiter au champagne. Est-ce que ça n'est pas formidable ? » Mais il avait viré au vert vif et ses lèvres murmuraient une prière. « Pauvre anchois, dit-il enfin, vous ne savez pas ce que vous dites. Votre bienveillante innocence me va droit au cœur. *L'Impérial et le Cordon Rouge sont les plus gros suppositoires que connaisse la science**. » Mon Dieu ! j'avais oublié l'obsession des médecins français pour les suppositoires. On les prescrit pour tout, depuis la langue chargée jusqu'à la gangrène au stade tertiaire. Je n'entends pas en discuter les mérites ou les démérites en tant que traitement. Je ne doute pas que dans bien des cas délicats, ils donnent des résultats. *Mais on les prescrit pour tout**. Pas moyen d'y échapper. J'étais là, à la merci d'hommes qui nourrissaient ces étranges penchants. Comment irais-je jamais affronter de nouveau le Service ? Un cri m'échappa : « Jamais ! » Je parlais sérieusement. Je fus pris d'une sorte de frénésie. En un instant, je m'étais dépouillé de mes bandages, j'avais jailli de ma chemise de nuit pour sauter dans mon pantalon. Melon et parapluie étaient au pied du lit. « Adieu, O'Toole », criai-je dans un rugissement de lion et, d'un bond, j'étais sur le seuil. Je croisai l'infirmière dans l'escalier. Elle portait sur un plateau une sorte de bazooka. Elle n'aperçut, je crois, qu'un éclair blanc quand je filai devant elle pour me précipiter dans la campagne. Cette urgence fit ressortir tout ce qu'il y avait comme ressources chez Antrobus. Je regagnai Paris en auto-stop à bord d'une camionnette et retournai à l'ambassade, bien décidé à dormir devant la porte si besoin en était. Mais, par un coup de chance, Glamis Tadpole était revenu et pouvait maintenant me recevoir. C'en était fini de mes ennuis. J'acceptai un verre de scotch et me détendis dans le fauteuil tandis qu'il faisait la conversation. « Je dois dire, déclara-t-il, que vous m'avez l'air en pleine forme. Vous avez dû passer un excellent week-end. »

» S'il savait… Parfois, dans mes rêves, Myriam revient me rendre visite : son souvenir a néanmoins commencé à s'estomper. Mais aujourd'hui, j'ai pris l'habitude d'éviter Paris dans mes voyages. Un homme de mon âge, occupant un poste de confiance, ne saurait être trop prudent, n'est-ce pas ?

VI. Une affaire de papiers

— Jamais, dit Androbus, je n'ai cessé de prêcher contre le jeu des « petits papiers » durant les heures de loisir du service, que ce soit pour distraire des amis ou pour tuer le temps. À plusieurs reprises, j'ai constaté que ce jeu présentait un grave danger. Je ne fais aucune exception. À mon grand regret, il ne fut jamais possible de rallier à cette opinion Polk-Mowbray : pour lui, aucune soirée suivant un dîner n'était complète sans une insipide séance de « cadavres exquis » ou autres balivernes du même genre. On réquisitionnait tous les crayons à la chancellerie, et toutes les feuilles du coûteux papier utilisé pour les comptes rendus. Nous nous asseyions là à nous débattre avec quelque vain problème, en ayant l'impression d'être autant de beignets humains. Impossible de lui dire non. Il nous *ordonnait* de jouer. C'était inhumain et j'étais parfois pris d'une telle indignation que je pensais qu'on allait mettre un zéro à ma prose, que j'allais perdre mon *vibrato* ou bien les deux.

» Mais la Némésis attendait sous la forme rondouillarde du baron Blenkinhoorn, le correspondant récemment arrivé de l'agence de presse Deutsches

Sauerkraut, qui avait beaucoup d'influence sur l'opinion ouest-allemande. C'était un homme extrêmement sérieux. Il avait un papier à lettres avec une couronne et des jarretières sur fond de gueules. Il portait des lunettes à grosse monture, une barbe rebroussée par le vent et touffue comme la forêt de Brocéliande. Dès qu'on lui disait quelque chose, il le notait immédiatement sur un gros bloc et le télégraphiait à son agence. Il habitait l'hôtel Bulgaria et on disait qu'il dormait avec un pistolet sous son oreiller. Ses airs graves ne lui attiraient pas toutes les sympathies, certes non.

» De Mandeville le persuada un jour de publier la notice nécrologique de Polk-Mowbray en faisant circuler un faux communiqué de presse. De quoi emplir d'effroi un homme aussi superstitieux que notre ambassadeur : le baron eut quelque peine à se disculper. Ce fut à l'origine d'un certain froid entre eux : on ne voyait que rarement le baron se rendre à la chancellerie pour y recueillir quelque brève information digne de foi. C'est au cours de l'une de ces visites qu'il réussit à briser le moral de Dovebasket et à faire de lui son stipendié : ses dépêches en effet étaient désormais pleines d'informations confidentielles, de choses qu'il n'aurait jamais connues s'il n'avait pas eu un complice dans la place. Par exemple, le fait que Toby Imhof travaillait en ce moment même sur la mise en bouteilles d'haleine de chat pour la déverser dans les trous de souris, et qu'il avait déjà fait breveter la version améliorée du Snarlex, une pâte de jujube pour parents fatigués. Qui aurait pu découvrir cela, je vous le demande ? Même les petits accidents quotidiens dont doit être victime toute ambassade normale sans se croire obligée de l'annoncer à la presse… Le baron connaissait tout cela et en faisait part à son agence qui publiait consciencieusement ces nouvelles. Rien ne lui semblait sacré. C'était l'année où Angela fut renvoyée pour avoir écrit « *Just married* » à l'arrière d'une voiture de police : Dovebasket, qui était fou d'elle et qu'elle avait repoussé, se vengea en bricolant les robinets du bidet de la chambre bleue. Il s'y prit si bien que la malheureuse fille se trouva coincée au plafond par un jet d'eau et qu'il fallut la descendre de là avec une échelle. Vous voyez ce que je veux dire ? Il finit par nous rendre nerveux : Polk-Mowbray se rongeait les ongles jusqu'au vif. D'autant plus que ce matériel était joyeusement traduit par nos collègues de la mission allemande et retransmis au Foreign Office. Le secrétaire au Foreign Office lut, les yeux exorbités, le reportage du baron sur le mouvement de réforme vestimentaire institué par De Mandeville, qui insistait sur des sacs à main pour les hommes et sur le port d'un étrange nouveau couvre-chef baptisé Boadicée avec volets latéraux. Tout cela donna vite lieu à de frénétiques échanges de câbles et à l'émission de démentis catégoriques ou de dérobades étudiées par liasses de dix. Ça ne pouvait pas continuer ainsi. Mais comment nous débarrasser du baron ? Si seulement nous arrivions à le faire déclarer persona non grata par les Bulgares... Mais il était d'une parfaite intégrité. Il ne fumait pas plus qu'il ne buvait, et les femmes ne représentaient pour lui que des pièces d'ameublement.

» Nous envisageâmes toute une série de stratagèmes, pour la plupart inspirés par le désespoir : par exemple, introduire dans sa baignoire des crabes ayant suivi un dressage très poussé. De Mandeville, qui était blanc de rage, tenta de mettre sur pied un plan pour l'assassiner carrément : il s'agissait d'encaustiquer à fond les parquets, d'inviter le baron à un bal où Angela, qui avait accepté de se sacrifier, devait l'entraîner dans une valse puis le lâcher dans un tourbillon pour qu'il se rompe le cou. Hélas ! nous ne pûmes réaliser notre projet : le baron ne dansa pas et, de ceux qui s'y risquèrent, plusieurs se brisèrent la clavicule ou la cheville. Ah ! le problème n'était pas facile à résoudre. Nous lâchâmes sur lui Scooter, notre homme du Service secret, pour étudier ses petites faiblesses : il en avait fort peu, à moins que l'on ne range dans cette rubrique le fait de passer des heures et des heures tout seul à jouer sur un clavicorde portatif.

» Cependant, les révélations se poursuivaient : certaines étaient si extraordinaires que Polk-Mowbray faillit en perdre la tête. Le secrétaire au Foreign Office lui écrivit dans une prose des plus incisives pour lui demander si les informations suivantes étaient exactes : Une rencontre secrète avec Mme Khrouchtchev pour la négociation d'un pacte à l'insu du gouvernement de Sa

Majesté. Une autre entrevue, moins secrète, avec le Pandit Nehru devant un *cabinet d'aisances** de Bombay. Un rendez-vous avec Staline. Un autre avec la baronne de Monrovi – une obscure ambassadrice – et ainsi de suite. « Antrobus, s'indigna-t-il, il faut que d'une façon ou d'une autre cela cesse. De simples démentis ne suffisent pas. Tout le monde croit la presse, personne ne croit un diplomate. Cet homme a juré de me faire perdre la boule. Réfléchissez, mon vieux, réfléchissez. » Ce que je fis jusqu'à en avoir la migraine.

» L'idée se glissa en moi que récemment nous n'avions guère entendu parler de Dovebasket : il se montrait d'une étrange et assez bizarre discrétion. Quelque chose me dit que, s'il n'était pas directement responsable de ces fuites, du moins pourrait-il avoir quelques lumières sur ce qu'il fallait faire. J'allai le trouver et tentai de l'attendrir en lui décrivant les émotions par lesquelles passait Polk-Mowbray. Il se contenta de rire comme un faune en disant : « Alors, il en a assez, n'est-ce pas ? Je me demandais quand il allait craquer. Oui, je sais ce qu'il faut faire, mais cela va prendre de l'argent et du temps. Pour deux cents livres, je pourrais suborner Blenkinhoorn. » C'était un prix scandaleux, bien sûr, mais nous étions coincés. « Alors, lui lançai-je, blanc de colère jusqu'au bout des ongles, c'est donc vous qui êtes responsable. Expliquez-vous. »

» Il ne voulut le faire que lorsque je lui eus remis l'argent. Dovebasket compta soigneusement les billets avant de les empocher. Il dit alors : « En fait, ce vieux Blenky agit en parfaite bonne foi : c'est tout simplement qu'il n'a pas un grand sens de l'humour et qu'il ne sait pas comment on vit dans notre monde. Il a une vision déformée des choses. Je m'apprêtais à lui faire parvenir un autre lot d'informations pour sa dépêche de demain. Mais puisque vous me le demandez si gentiment, je vais m'en abstenir. Tenez, regardez donc. Il n'y a pas de mystère : je lui ai vendu le contenu de la corbeille à papiers de Son Excellence. Il insiste toujours sur les jeux que l'on pratique sur le papier. »

» Je vis une liasse de « petits papiers » qui expliquaient tout. Le baron avait travaillé sur des textes qui avaient fort certainement dû lui paraître assez mystérieux mais qui, pour un membre du Service diplomatique à l'esprit normal, étaient clairs comme le jour.

L'ambassadeur britannique a rencontré
Madame Khrouchtchev
Dans un ascenseur
Il a dit : « Voulez-vous être mon satellite ? »
Elle a dit : « Serrez-moi quand les lumières s'éteindront. »
Le résultat fut le pacte de Varsovie.

Polk-Mowbray a rencontré
Le Pandit Nehru
Devant des toilettes publiques de Bombay
Il a dit : « On ne s'ennuie jamais. »
N. a répondu : « Je vous vendrais bien mon âme ! »
Le résultat a été une petite chose immangeable…

Mais pourquoi continuer ? En un éclair on pouvait comprendre comment le baron avait été induit en erreur. Triomphant, je grimpai jusqu'au bureau de Mowbray en brandissant les papiers. Je lui expliquai comment j'avais sauvé la situation. L'argent, naturellement, devait provenir des fonds secrets. Il s'épongea le front et me remercia chaleureusement. Dovebasket n'échappa pourtant pas à de graves remontrances. J'entendis distinctement Polk-Mowbray lui dire au téléphone : « Vous me ferez cent lignes, Dovebasket, parfaitement, cent. Vous me copierez : "Je ne devrai plus à l'avenir fouiller les corbeilles." »

» Il me parut que cela réglait l'affaire.

VII. Une histoire de dépôt

— Il se trouva, dit Antrobus, que le professeur Regulus nous fut envoyé par le Protocole pour être le toubib de l'ambassade. C'était un charmant petit homme, ramassé, avec un *pince-nez** et la réputation de manier la seringue avec art. En outre, il était probritannique à un point morbide comme nous allions le découvrir. Il suivait de très près ce qui se passait au pays, il m'empruntait mon *Times* et ainsi de suite : ce fut de cette manière qu'il entendit parler de la crise de goutte du Premier ministre. Vous vous souvenez sans doute de l'époque où cela devint si grave qu'on parla d'un jour de prière et de tempérance nationale, d'un service spécial à Saint-Paul et je ne sais quoi encore.

» Bref, Regulus prit la chose fort à cœur et, un beau lundi, il se présenta à la mission avec un flacon de quelque chose qu'il appelait l'élixir de Regulus – un produit de son invention, ajouta-t-il. Il posa le flacon sur mon bureau et me donna un bref aperçu de ce qu'était la goutte. Il s'agissait simplement, me précisa-t-il, d'une sorte de dépôt qui s'amassait sur le gros orteil comme le tartre dans une bouilloire. Son élixir, composé d'une mixture de marante et de jusquiame sur une base de mélasse, le tout macéré dans de la bourrache, son élixir donc avait tout bonnement pour effet de dissoudre le dépôt et de libérer le pied. Il avait, je dois le dire, une drôle de couleur. Quand on agitait le flacon, il se produisait une sorte de bouillonnement. Je le pris pour le montrer à Polk-Mowbray qui fut très touché par cette manifestation de sollicitude anglophile. « Pardieu ! fit-il, nous allons l'envoyer au Premier ministre. Il y en a peut-être assez pour tout le banc du gouvernement. Quel type merveilleux, ce Regulus ! Tenez, je crois bien que je vais le proposer pour qu'on le décore d'une babiole quelconque. » Je m'en allai faire emballer la bouteille pour qu'on la confie à la valise diplomatique.

» En chemin, je rencontrai Dovebasket, qui s'intéressait toujours à la science. Je l'éblouis quelque peu par l'étalage de mes récentes connaissances médicales. « Du tartre ? dit-il avec curiosité. Il me semble que nous devrions essayer une goutte ou deux. » Sans très bien comprendre, je le suivis dans le jardin où était garée sa nouvelle voiture de sport. Je n'avais pas eu le temps de dire ouf qu'il avait versé dans le radiateur une pleine tasse de l'élixir. Vous parlez d'un dépôt ! Il y eut un tintement métallique et une pluie de tartre se répandit sur le gravier. De la vapeur s'éleva du bouchon de radiateur. « Reculez ! » criai-je. Cela chauffait dur. Il y eut un claquement sec… Bonté divine, c'était quelque chose, cette mixture. « Nous devrions en essayer un peu sur Drage », suggéra-t-il d'un ton rêveur, mais je ne voulais pas multiplier les expériences. Le produit était bon contre le tartre et c'était tout ce que je voulais savoir. Je ne souhaitais pas poursuivre mes investigations. J'espérais que cela apporterait de grands et durables bienfaits au pays et au parti. Je descendis le flacon au bureau de la Valise et l'expédiai d'urgence.

» Il s'écoula quelque temps avant que nous ayons des nouvelles de Londres. Il nous parvint une réponse quelque peu renfrognée précisant que le Premier ministre avait essayé l'élixir sur un de ses goûteurs officiels : celui-ci, devenu fou furieux, avait parcouru toute la longueur de la grande rue d'Ealing en criant « Thrope à la tête des travaillistes » – c'était son nom. On retourna le flacon avec cette troublante information et l'ordre formel du ministère de l'expérimenter à la mission, puis de faire un rapport sur ses propriétés au secrétaire du Foreign Office.

» Ma foi, je dois dire que je n'ai jamais reculé quand il s'agit d'abnégation mais, après avoir été témoin de ses effets sur le radiateur de Dovebasket, l'idée d'en prendre une cuillerée à café ne me disait rien. D'ailleurs, le seul d'entre nous à être véritablement entartré, c'était Polk-Mowbray : en fait, il était plutôt fier de sa goutte et avait tendance à s'en vanter. C'était là pour lui l'occasion rêvée, aurait-on dit : mais non, il ne semblait pas voir les choses de cette façon. Il était assis, personnage un peu pâle vêtu de son costume terre de bruyère, et contemplait fixement le flacon posé sur son bureau. « Je ne veux pas qu'on soigne ma goutte, gémit-il. C'est la seule preuve que j'aie que court dans mes veines le sang du quatorzième comte de notre lignée, même s'il ne s'agit que d'un filet. »

» Nous débattîmes longuement de toute l'affaire : on ne pouvait pas écarter aussi légèrement un ordre du Service diplomatique. Quelqu'un allait devoir rédiger un rapport. On décida en fin de compte de tenter sur Drage une expérience de contrôle et de voir comment cela se passait. La chose n'était pas difficile : Drage avait l'habitude de boire de temps en temps un verre du vin de gingembre impérial de Gaskin. Chaque fois qu'à la tombée de la nuit nous portions un toast à la royauté, nous l'autorisions même à exprimer son allégeance à son souverain en buvant une gorgée de cet infâme cordial. Quoi de plus facile que de verser dans sa bouteille une dose d'élixir ? Ce soir-là, nous observâmes avec une intense curiosité scientifique Polk-Mowbray qui baissait les lumières et levait son verre tandis que Drage traversait la salle à pas feutrés pour aller jusqu'à son cordial et s'en verser une bonne rasade.

» Le résultat fut impressionnant, je dirais même fascinant. On aurait dit que le gaillard venait de boire une solide lampée de plomb fondu. Un hurlement perçant retentit et il s'attrapa les oreilles comme s'il allait se les arracher. Puis il se mit à donner des coups de poing dans le vide, renversant les bougeoirs et s'embrasant lui-même au passage. Entre nos efforts pour le maîtriser et le réconforter, tout en essayant d'éteindre les flammes qui dévoraient son gilet, il régnait une certaine confusion. Comment un observateur impartial aurait interprété cette scène, je l'ignore. Drage sauta sur l'appui de la fenêtre et, toujours hurlant, se précipita dans la nuit comme un lièvre, tout en arrachant dans sa course les pièces de vêtement enflammées. Il nous laissa là : un groupe dégrisé de personnages un peu pâles contemplant les ruines du dîner et les redoutables effets du syndrome de Regulus. « Bon sang, dit Polk-Mowbray, quel produit épatant. J'imagine qu'il vaudrait mieux prévenir la police de rechercher un maître d'hôtel en flammes, quoi ? » C'était vraiment dommage que le Premier ministre n'eût pas profité des bienfaits de ce formidable tonique. Il aurait pu galvaniser le parti. Nous avions le cœur lourd car nous aimions Drage. Voilà qu'il galopait à travers la Bulgarie, laissant dans son sillage une queue de comète.

» La police mit trois jours à le retrouver : on nous le ramena sur une civière, pâle, mais ayant toute sa connaissance. Il nous raconta que, pendant vingt-quatre heures, le produit l'avait *métamorphosé en loup-garou*. Là-dessus, Polk-Mowbray, toujours capricieux, s'emporta soudain contre Regulus. « Imaginez un peu, s'écria-t-il, cet homme qui nous pousse à avaler un produit, si inoffensif soit-il, susceptible de transformer en loup-garou un chef de mission. Bon sang ! ça ne se fait pas. Cela aurait pu m'arriver n'importe où. Vous vous rendez compte, si j'avais mordu Hasdrubal ou un autre membre du comité central ? Il faut que je parle à Regulus, et je ne vais pas mâcher mes mots. »

» Le lendemain matin, la médaille d'officier de l'Ordre de l'Empire britannique que Polk-Mowbray avait fait obtenir à Regulus arriva par câble. « C'est une pilule amère à avaler, déclara-t-il. Juste au moment où j'allais réprimander cet homme, voici qu'arrive cette fichue décoration : qu'est-ce qui m'a pris de faire ça ? » Comment savoir en effet quelle mouche l'avait piqué ? Tout ce qu'on pourrait dire c'est que, dans ses meilleurs moments, le sentiment de cause à effet chez Polk-Mowbray était rudement sommaire. « Le plus agaçant, dit-il, donnant libre cours au côté mesquin de son caractère, c'est qu'il va falloir lui porter un toast et que le prix du champagne a monté d'une livre par caisse. » Selon l'usage, les chefs de mission payaient ces dépenses sur leurs *frais** personnels. Ce fut Dovebasket qui suggéra, en guise de vengeance, de relever le verre du professeur de quelques gouttes d'élixir. Il est vrai que sur un plan purement superficiel, l'idée ne manquait pas de charme. Mais les risques étaient grands. Nous ne pouvions pas avoir des loups-garous gambadant dans les jardins de l'ambassade en hurlant en bulgare « Thrope à la tête des travaillistes » et prodiguant peut-être des morsures septiques. Non. Nous examinâmes le problème sous tous les angles et nous finîmes par convenir que Regulus devrait boire une coupe du breuvage à l'état pur : s'il y avait quelques bulles perlées qui pétillaient au bord de la coupe, ce ne serait pas de l'élixir. Toutefois, le danger était si grand que je n'osais pas laisser traîner le flacon. Pas avec des gens comme Dovebasket et De Mandeville à la mission.

» Nous trottinâmes donc solennellement tous les trois sur la pelouse : là, je débouchai la bouteille d'élixir et j'en vidai le contenu. Tout se mit à fumer et devint bleu pendant une minute. Puis, au milieu des nuages d'une fumée délétère, nous revînmes jusqu'à l'office pour prendre une tasse de Viandox. Si jamais vous retournez à la mission de Bulgarie, vous constaterez qu'il y a sur la pelouse un grand cercle brûlé : malgré tous les efforts, rien n'a jamais réussi à pousser à cet endroit. Un sacré élixir, hein ?

VIII. Tante Norah

— Plus d'une fois, dit Antrobus, j'ai vu mon chef ébranlé, parfois même au bord de craquer : vous auriez dû voir sa tête quand l'information nous parvint que sa tante Norah avait mis cap au sud en direction de la Bulgarie, laissant un carnage derrière elle à Paris et à Rome. C'était une épreuve cruelle que lui envoyait le destin, surtout à une époque de sa vie où la retraite était si proche. Hé oui, oui, il était âgé alors, il aurait eu bien besoin d'un coup de peinture : mais cette nouvelle le fit sursauter comme un cerf affolé. En ce temps-là, racontait-on, il portait des pantalons en Dunlopillo de façon à pouvoir s'asseoir sans meurtrir ses idées : ce n'était là que pure méchanceté de la part de Dovebasket. Revenons à Tante Norah… Tout d'un coup, il fut triste, accablé. Il abaissa son train d'atterrissage, fit coulisser ses volets et cria : « Non ! » Juste une fois. Comme ça : « Non ! »

» Je ne saurais vous dissimuler le fait qu'avec le passage des ans, elle était devenue un peu bizarre. Au début, elle était légèrement excentrique. Mais ce qui lui fit résolument perdre la boule, ce fut qu'elle tomba un jour sur les brochures du Parti travailliste et qu'elle fut aussitôt fascinée par l'attitude de ces gens vis-à-vis du sexe. Je veux dire qu'on en parlait beaucoup plus, qu'on l'enseignait aux jeunes et ainsi de suite. Qu'on y trouvait aussi davantage de portraits de Bernard Shaw penché sur le lit nuptial afin de promouvoir la conception. À vrai dire, je ne sais pas bien : je ne les ai jamais beaucoup regardées moi-même. Une drôle de littérature, m'a-t-il semblé, manquant par moments totalement de savoir-vivre. Mais voilà ce que défendent les travaillistes, à ce qu'on dit. Bref, les écailles tombèrent des yeux de Tante Norah quand elle lut sous la plume de Shaw l'éloge d'un amour total. Pourquoi Shaw, je me demande ? Personne ne s'est retrouvé avec des traces de poudre de riz après l'avoir embrassé, n'est-ce pas ? En tout cas, ce fut pour elle une véritable conversion et elle décida de servir la bonne cause en donnant des conférences sur le sexe aux jeunes gens des pays étrangers, à commencer par les Français. L'ennui, bien sûr, c'est qu'on ne peut pas illustrer le sexe à l'usage des jeunes aussi clairement qu'on peut le faire pour Euclide : le corps humain n'a que trop peu d'angles aigus, et d'hypoténuses – du moins à ce qu'on me dit. Mais elle fit de son mieux. Ses énormes diagrammes ressemblaient à un relevé de l'architecture interne de la Grande Pyramide. Ils étaient couverts de logarithmes, d'isothermes, d'isobares et de lignes de haute pression comme un bulletin météorologique. C'était impressionnant. Nous entendîmes d'abord parler d'embouteillages, de foules en délire et de charges de police à Paris. Les Français adorent les distractions intellectuelles. Et elle arrivait à point nommé : elle prononçait ses conférences derrière une table couverte de l'Union Jack et avec un bull-terrier prénommé Bernard attaché à la jambe. Elle l'avait dressé à grogner à divers passages de sa causerie, comme pour en souligner l'importance. Naturellement, tout cela a pu leur paraître un rien étrange, mais tout le monde sait que les Britanniques ont leur façon à eux de faire les choses.

» Tante Norah faisait donc route au sud après avoir mis Rome à feu et à sang. En voyant mon chef assis là, la tête basse, l'air effondré comme si on l'avait passé à travers une mousseline, et si affaibli qu'on aurait pu l'aspirer avec une paille, j'évoquai les vers immortels de Thomas Gray :

Ce retour au foyer d'une urne décorée ou d'un buste plein de vie,
Suffirait-il à ranimer un souffle disparu ?

« Je veux bien confier pour *une semaine tout entière* l'administration des fonds secrets à quiconque peut trouver un moyen de l'arrêter », promit-il. Cette idée évidemment ne manquait pas d'attrait et on suggéra bien des solutions. De Mandeville, comme toujours à court d'argent, trouva une idée qui faillit bien marcher : son chauffeur et lui se déguisèrent en carmélites pour remettre au ministère des Affaires étrangères bulgare un aide-mémoire protestant contre cette visite pour des raisons religieuses. Les Bulgares furent quelque peu ébranlés, mais demeurèrent sur leur position. Je crois bien qu'ils avaient aperçu sous la robe des sœurs des chaussures de marche en daim. Ou peut-être leurs rosaires paraissaient-ils douteux. Quoi qu'il en soit, l'effroi de Polk-Mowbray finit par nous gagner tous : nous devînmes moroses, irritables, nerveux. Un jour, après la prière, De Mandeville se cogna la tête sur une poutre et perdit presque connaissance : il fallut lui faire une sorte de bouche à bouche avec une pompe à bicyclette. Quand il retrouva ses esprits, il nous avoua qu'il avait cru voir Tante Norah s'avancer dans l'allée, ce qui l'avait fait sursauter. Tout cela pour vous montrer dans quel état nous étions.

» Pendant ce temps, la bonne dame continuait sa progression méthodique vers la capitale à bord d'une grande caravane affichant sur un côté « Vive le sexe » et sur l'autre « Gloire à la poussée démographique ». Elle poursuivait tranquillement son chemin à travers la campagne souriante, s'arrêtant dans de petites villes pour distribuer des pamphlets, des amulettes de fécondité et pour haranguer les foules. Évidemment, les gens ne pouvaient pas comprendre… et c'est ainsi que Dovebasket se gagna toute une semaine de fonds secrets. Le visage rayonnant de joie, il se précipita dans la chancellerie en criant : « J'ai trouvé ! » Cette fois, nous n'osions plus guère espérer. « Nous sommes stupides, dit le jeune diplomate. Tante Norah ne connaît pas un mot de bulgare et qui, en Bulgarie, connaît de notre patois plus que les mots *"whisky and soda"* ? » Nous méditâmes un moment sur ces propos. « Mais les émeutes à Paris et à Rome, la marche sur Florence… Comment y est-elle arrivée, car manifestement elle ne sait ni le français ni l'italien ? » Dovebasket poussa un véritable hennissement : « Bien sûr. Des *interprètes*. Il faut lui proposer des interprètes officiels et ensuite les suborner. Pendant qu'elle croira exciter les foules avec ses palabres sur le sexe, ils pourront lire des passages des Saintes Écritures comme des textes d'Engels ou de Kingsley Martin. Voilà comment nous allons sauver nos âmes. » Polk-Mowbray en avait les larmes aux yeux. « Je crois bien que vous avez gagné, mon garçon, dit-il en prenant la clé dans sa poche et en la lui remettant. Il nous faut maintenant trouver les traducteurs. Oui, en vérité, allez, Antrobus, et trouvez-moi deux petits Bulgares au nez camus et aux oreilles collées au crâne, des hommes avec une mauvaise haleine de percepteur ou de marxiste. » Pour une fois, je voyais la route se dégager. « À vos ordres, monsieur », dis-je. Et c'est ainsi que tout s'arrangea. Tante Norah eut un des meetings les plus réussis de sa tournée et, hormis le fait que nous eûmes tous les oreilles cassées par Engels, tout se passa bien.

IX. Une soirée à tout casser

— Toute la journée d'aujourd'hui, dit Antrobus, j'ai envoyé des cartes de Noël, occupation tout à la fois grisante et mélancolique : tant d'entre nous sont partis sans laisser d'adresse… Ils sont devenus pour ainsi dire : « Aux bons soins de la valise du F O. Prière de faire suivre. » Certains sont partis loin, certains moins loin, et d'autres sont carrément partis comme le pauvre Toby. C'est une saison qui vous amène à se demander où vont les diplomates quand ils meurent, mon vieux. Savent-ils qu'ils ne peuvent rien emporter avec eux, ou bien peut-être y a-t-il au ciel une agence de chez Coutts qui accepte les chèques postdatés ? Et, s'ils continuent à vivre comme des fantômes, de quel genre ? Existe-t-il des limbes diplomatiques ? Peut-être quelque obscur département de l'O N U où ils sont condamnés à ruminer à perpétuité des sujets aussi mystérieux que les droits de pêche des Papous à petite barbiche. Ah, mon vieux ! Mais peut-être cela ressemble-t-il plutôt à quelque crépusculaire bureau d'état civil où un homme pourrait encore s'asseoir pour faire une partie de gin-rummy avec une avenante employée du Chiffre…

» Hé oui, comme je feuilletais mon carnet d'adresses, tant de visages oubliés défilèrent dans mon esprit ! Qui dira jamais leur histoire ? Pas moi. Qu'est-il advenu de Monksilver et de Blackdimple, ces deux intrigants jésuites ? Et Goddard « la Charrette » qui croyait au mode de vie soviétique jusqu'au jour où il essaya le *kvass* ? Et le vieux Matthews, dit « Tourniquet », et Schmidt « les Champignons » ? Si l'on écrit jamais l'histoire secrète du Service, on célébrera leurs noms à grand son de trompe. Aucun n'a jamais reçu son dû : comme les pauvres petits Reggie et Mercy Nucus, le couple du British Council. Ils sont morts en accomplissant leur devoir, dévorés par les loups. Sans se soucier d'un baromètre qui dégringolait, ils tentèrent de traverser le lac glacé, chargés d'un sac plein de Shakespeares dans l'édition pour presbytes de chez Collins : ils voulaient gagner quelque lointain caravansérail envahi de vermine où leur avide clientèle de porchers attendait patiemment, avide d'ingérer toute cette culture étrangère. En vain ! En vain !

» Puis mon regard tomba sur le nom de Dovebasket et des scènes oubliées revinrent emplir ma mémoire, l'une plus pénible que l'autre. Je me souviens, par exemple, de la période d'émulation… J'ai souvent remarqué que l'émulation peut s'emparer parfois des chefs de mission. Cet hiver-là, c'était le champagne. Plusieurs vieilles caves d'Europe étaient à vendre et ceux qui n'avaient pas dépensé plus que leurs frais s'étaient laissé aller, parmi eux Polk-Mowbray. Il traversait à cette époque un moment difficile. Il s'était amouraché de la jeune Sabina Braganza, la fille d'un collègue italien : oh, notez-le bien, tout cela d'une façon parfaitement convenable et avunculaire. Quand elle annonça ses fiançailles, il en fut si ravi qu'il décida, pour fêter l'événement, de donner une réception qui tout à la fois célébrerait sa beauté et lui permettrait de faire étalage de son champagne. Même s'il manquait souvent de discernement, au fond, c'était un brave homme. Mais il avait offensé Dovebasket. Et Dovebasket lui en voulait beaucoup. Il décida de manipuler ou, comme il disait, d'« exciter » les caisses de Pommery auxquelles Polk-Mowbray tenait tant. Coiffé d'un casque de soudeur, un chalumeau à la main, il rôdait dans les caves comme un personnage de tragédie grecque, réchauffant les bouteilles et desserrant les fils de fer. Le résultat fut imprévu, mais, de son point de vue, satisfaisant. La salle de banquet fut ébranlée par de sourdes explosions : quelques-unes des bouteilles sautèrent comme des grenades, d'autres projetèrent des paraboles de mousse. Je vis Drage tenir une de ces bouteilles jaillissantes, avec l'air stupéfait d'un homme dont le vent vient de retourner le parapluie. Le pire, c'est que la petite Braganza se retrouva avec un œil au beurre noir, victime d'un bouchon.

» L'échec de cette soirée et la fureur des parents eurent des effets néfastes sur l'équilibre de Polk-Mowbray. Il se mit à s'enfermer dans son bureau, à parler tout seul, voire à jeûner un peu. Les choses allèrent si loin qu'il commença même à avoir des crises de somnambulisme. Un matin, Drage le vit dans la pâle lueur de l'aube qui sortait de l'ambassade pour s'avancer sur la route, vêtu de la chemise de nuit bleue qu'il portait toujours (avec les armes royales brodées dessus). Horrifiant spectacle : notre chef de mission traversant la rue principale avec son bonnet de nuit à gland, les mains tendues devant lui et remuant les lèvres. Drage se précipita à sa poursuite, Bible en main. Il tenta de le réveiller en lui parlant, mais en vain. Il n'osait pas le secouer à proprement parler, car la personne d'un plénipotentiaire extraordinaire est sacrée et ne peut être touchée, poussée ou tirée que par un de ses pairs. Drage ne savait plus que faire : il alla même jusqu'à lire tout haut des passages de l'Évangile à son chef, mais sans résultat. Il l'entendit seulement murmurer : « Je suis venu m'excuser. »

» Ils manquèrent être écrasés par un tram matinal plein d'ouvriers qui les acclamèrent. Puis, avec une horreur croissante, Drage le vit franchir la grille de la mission italienne et se mettre à grimper le long du lierre jusqu'au premier étage où dormait l'infortunée jeune Braganza. Drage lui saisit une cheville et appela à l'aide. Seule une extraordinaire coïncidence vint sauver la situation. De Mandeville était au régime cette semaine-là : il se limitait à un verre de rosée matinale qu'il recueillait lui-même sur la pelouse de l'ambassade. Ce fut lui qui, verre en main, entendit l'appel de Drage de l'autre côté de la rue. Il bondit à la rescousse et, moins intimidé par le rang de Polk-Mowbray que le maître d'hôtel, sacrifia la rosée qu'il avait ramassée en la déversant dans le dos de son ambassadeur.

» Polk-Mowbray s'éveilla avec un sursaut et tomba, entraînant avec lui la plus grande partie de la treille. Les trois hommes se retrouvèrent affalés parmi les massifs de fleurs : il y eut un moment de torturante prise de conscience. Puis Polk-Mowbray se rendit compte de l'endroit où il se trouvait, même s'il ne savait pas très bien comment il était arrivé là. Ils se relevèrent précipitamment, détalèrent, regagnèrent au grand galop l'abri de la mission. Ce matin-là, Drage leur servit un petit déjeuner fort matinal dans l'office et Polk-Mowbray fit jurer le secret à De Mandeville. Il lui confia aussi qu'il allait le proposer pour la médaille de Sauvetage : une décoration fort prisée qu'en général on ne décernait qu'aux gens qui vont au secours des chiens tombés dans des puits. « En outre, ajouta-t-il – car il savait avoir le beau geste –, je tiens à vous présenter mes excuses pour vous avoir fait gaspiller votre rosée. Je sais que c'est un sacré travail de la recueillir.

— Pas du tout, monsieur l'ambassadeur, il y en a encore en abondance là où j'ai trouvé celle-ci. » Sur cet échange d'amabilités, l'incident fut clos. Encore un peu de sherry ?

Remerciements à la direction de :

Playboy et *Weekend Telegraph* pour
« Sauve qui peut ! »
Mademoiselle pour « Bonjour sur le Rialto »
Mademoiselle et *Harper* pour
« Haute barbarie »
Saturday Evening Post et *Town* pour
« La petite aventure parisienne »
Playboy pour « Une histoire de dépôt »
Playboy et *Weekend Telegraph* pour
« Une soirée à tout casser »
Argosy pour « Tante Norah »

Table

Esprit de corps

Préface 11

I. – Le train fantôme 17
II. – Un cas clinique 31
III. – Coquilles 40
IV. – Les petits riens 48
V. – Pour diffusion immédiate 55
VI. – Le lait de l'homme blanc 71
VII. – Le divin courroux de Drage 83
VIII. – Noblesse oblige 91
IX. – L'appel de la mer 99

Un peu de tenue Messieurs !

Préface 121

I. – Un diplomate n'a pas de nerfs 127
II. – Quelque chose à la carte 139
III. – L'abominable attaché 148
IV. – L'essentiel est de participer 156
V. – Si l'ail doit être l'aliment de l'amour 167
VI. – Là où butine l'abeille 176
VII. – Quand on crie au loup 187
VIII. – La Valise 192
IX. – La main de fer 204
X. – Le secret du swami 214

Sauve qui peut !

I. – Sauve qui peut ! 225
II. – Bonjour sur le Rialto 234
III. – Haute barbarie 247
IV. – Sérails et pagaille 257
V. – La petite aventure parisienne 271
VI. – Une affaire de papiers 290
VII. – Une histoire de dépôt 297
VIII. – Tante Norah 304
IX. – Une soirée à tout casser 309

Remerciements 317

Pavillons Poche

Titres parus

Peter Ackroyd
Un puritain au paradis

Woody Allen
Destins tordus

Niccolò Ammaniti
Et je t'emmène

Sherwood Anderson
Le Triomphe de l'œuf

Margaret Atwood
Faire surface
La Femme comestible
Mort en lisière
Œil-de-chat
La Servante écarlate
La Vie avant l'homme

Dorothy Baker
Cassandra au mariage

Nicholson Baker
À servir chambré
La Mezzanine

Ulrich Becher
La Chasse à la marmotte

Saul Bellow
La Bellarosa connection
Le Cœur à bout de souffle
Un larcin

Robert Benchley
Le Supplice des week-ends

Adolfo Bioy Casares
Journal de la guerre au cochon
Le Héros des femmes
Un champion fragile
Nouvelles fantastiques

William Peter Blatty
L'Exorciste

Jorge Luis Borges, Adolfo Bioy Casares
Chroniques de Bustos Domecq
Nouveaux Contes de Bustos Domecq
Six problèmes pour Don Isidro Parodi

Mikhaïl Boulgakov
Le Maître et Marguerite
Le Roman théâtral
La Garde blanche

Vitaliano Brancati
Le Bel Antonio

Anthony Burgess
L'Orange mécanique
Le Testament de l'orange
Les Puissances des ténèbres

Dino Buzzati
Bestiaire magique
Le régiment part à l'aube
Nous sommes au regret de…
Un amour
En ce moment précis
Bàrnabo des montagnes
Panique à la Scala
Chroniques terrestres

Lewis Carroll
Les Aventures d'Alice sous terre

Michael Chabon
Les Mystères de Pittsburgh
Les Loups-garous dans leur jeunesse
La Solution finale

Upamanyu Chatterjee
Les Après-midi d'un fonctionnaire très déjanté

Collectif
Rome, escapades littéraires
Saint-Pétersbourg, escapades littéraires
Berlin, escapades littéraires
New York, escapades littéraires
Londres, escapades littéraires
Moscou, escapades littéraires

Paris, escapades littéraires
Naples, escapades littéraires

John Collier
Le Mari de la guenon

Sir Arthur Conan Doyle
Sherlock Holmes : son dernier coup d'archet

William Corlett
Deux garçons bien sous tous rapports

Avery Corman
Kramer contre Kramer

Helen DeWitt
Le Dernier Samouraï

Joan Didion
Maria avec et sans rien
Un livre de raison
Démocratie

E. L. Doctorow
Ragtime

Roddy Doyle
La Femme qui se cognait dans les portes
The Commitments
The Snapper
The Van
Paula Spencer

Andre Dubus III
La Maison des sables et des brumes

Lawrence Durrell
Affaires urgentes

F. Scott Fitzgerald
Un diamant gros comme le Ritz

Zelda Fitzgerald
Accordez-moi cette valse

E. M. Forster
Avec vue sur l'Arno
Arctic Summer

Carlo Fruttero
Des femmes bien informées

Carlo Fruttero et Franco Lucentini
L'Amant sans domicile fixe

Graham Greene
Les Comédiens
La Saison des pluies
Le Capitaine et l'Ennemi
Rocher de Brighton
Dr Fischer de Genève
Tueur à gages
Monsignor Quichotte
Mr Lever court sa chance, nouvelles complètes 1
L'Homme qui vola la tour Eiffel, nouvelles complètes 2
Un Américain bien tranquille
La Fin d'une liaison
Voyages avec ma tante

Kent Haruf
Colorado Blues
Le Chant des plaines
Les Gens de Holt County
Nos âmes la nuit

Jerry Hopkins et Daniel Sugerman
Personne ne sortira d'ici vivant

Bohumil Hrabal
Une trop bruyante solitude
Moi qui ai servi le roi d'Angleterre
Rencontres et visites

Henry James
Voyage en France
La Coupe d'or

Erica Jong
Le Complexe d'Icare

Thomas Keneally
La Liste de Schindler

Janusz Korczak
Journal du ghetto

Jaan Kross
Le Fou du tzar

Jhumpa Lahiri
Longues distances

D. H. Lawrence
Le Serpent à plumes

John Lennon
En flagrant délire

Siegfried Lenz
La Leçon d'allemand
Le Dernier Bateau
Une minute de silence
Le Bureau des objets trouvés

Ira Levin
Le Fils de Rosemary
Rosemary's Baby

Tessa de Loo
Les Jumelles

Norman Mailer
Le Chant du bourreau
Bivouac sur la Lune
Les vrais durs ne dansent pas
Mémoires imaginaires de Marilyn
Morceaux de bravoure
Prisonnier du sexe

Dacia Maraini
La Vie silencieuse de Marianna Ucrìa

Guillermo Martínez
Mathématique du crime
La Mort lente de Luciana B
La Vérité sur Gustavo Roderer
Tomás Eloy Martínez
Santa Evita
Le Roman de Perón

Richard Mason
17 Kingsley Gardens

Somerset Maugham
Les Trois Grosses Dames d'Antibes
Madame la Colonelle
Mr Ashenden, agent secret
Les Quatre Hollandais

James A. Michener
La Source

Arthur Miller
Ils étaient tous mes fils
Les Sorcières de Salem
Mort d'un commis voyageur
Les Misfits
Focus
Enchanté de vous connaître
Une fille quelconque
Vu du pont suivi de Je me souviens de deux lundis

Pamela Moore
Chocolates for breakfast

Daniel Moyano
Le Livre des navires et bourrasques

Vítězslav Nezval
Valérie ou la Semaine des merveilles

Geoff Nicholson
Comment j'ai raté mes vacances

Joseph O'Connor
À l'irlandaise

Pa Kin
Le Jardin du repos

Katherine Anne Porter
L'Arbre de Judée

Mario Puzo
Le Parrain
La Famille Corleone (avec Ed Falco)

Mario Rigoni Stern
Les Saisons de Giacomo

Saki
Le Cheval impossible
L'Insupportable Bassington

J. D. Salinger
Dressez haut la poutre maîtresse, charpentiers,
suivi de Seymour, une introduction
Franny et Zooey
L'Attrape-cœurs
Nouvelles

Roberto Saviano
Le Contraire de la mort (bilingue)

Sam Shepard
Balades au paradis
À mi-chemin

Robert Silverberg
Les Monades urbaines
Le Château de Lord Valentin
Chroniques de Majipoor

Johannes Mario Simmel
On n'a pas toujours du caviar

Alexandre Soljenitsyne
Le Premier Cercle
Zacharie l'Escarcelle
La Maison de Matriona
Une journée d'Ivan Denissovitch
Le Pavillon des cancéreux

Robert Louis Stevenson
L'Étrange cas du Dr Jekyll et de Mr Hyde

Quentin Tarantino
Inglourious Basterds

Edith Templeton
Gordon

James Thurber
La Vie secrète de Walter Mitty

John Kennedy Toole
La Bible de néon

John Updike
Jour de fête à l'hospice

Alice Walker
La Couleur pourpre

Evelyn Waugh
Retour à Brideshead
Grandeur et décadence
Le Cher Disparu
Scoop
Une poignée de cendres
Ces corps vils

Hommes en armes
Officiers et gentlemen
La Capitulation

Tennessee Williams
Le Boxeur manchot
Sucre d'orge
Le Poulet tueur et la folle honteuse
Un tramway nommé Désir

Tom Wolfe
Embuscade à Fort Bragg

Virginia Woolf
Lectures intimes

Richard Yates
La Fenêtre panoramique
Onze histoires de solitude
Easter Parade
Un été à Cold Spring
Menteurs amoureux
Un dernier moment de folie
Un destin d'exception

Stefan Zweig
Lettre d'une inconnue suivi de Trois nouvelles de jeunesse

Titres à paraître

Susanna Clarke
Les Dames de Grâce Adieu

Graham Greene
Le Fond du problème

Stefan Zweig
La Peur

Composition et mise en pages
Nord Compo à Villeneuve-d'Ascq

Imprimé en Espagne par
Liberdúplex
à Sant Llorenç d'Hortons (Barcelone)
en février 2020

Dépôt légal : février 2018
N° d'édition : 60458/03 – N° d'impression : 82250